Comportement du cheval

Ouvrage collectif
créé par Losange

Direction éditoriale
Hervé Chaumeton
Nicolas Ragonneau

Coordination éditoriale
Sophie Jutier

PAO
Isabelle Véret
Jean-François Laurent

Photogravure
Stéphanie Henry
Chantal Mialon
Francis Rossignol

Achevé d'imprimer : février 2001
Imprimé en France par Clerc S.A. - 18200 Saint-Amand-Montrond

Comportement du cheval

Julie Deutsch

éditions
proxima

SOMMAIRE

Avant-propos

Le cheval est un animal fascinant. Compagnon de labeur, animal de sport ou de loisirs, il partage la vie de plus en plus d'amateurs. L'évolution des mentalités et l'essor des activités de loisirs et d'extérieur ont mené ces dernières années à une approche plus éthologique des relations homme-cheval en général et de l'équitation en particulier.

Les méthodes « fortes » d'autrefois sont de plus en plus souvent remplacées par une utilisation réfléchie des récompenses et

punitions et par un effort important de compréhension de l'animal. Après avoir souhaité pendant des siècles dominer sans concessions ce puissant animal, l'homme semble enfin s'être rendu compte que c'était à lui, qui dispose d'une intelligence supérieure et de meilleures facultés de réflexion, de se mettre au niveau de sa plus belle conquête plutôt que de tenter d'obtenir le contraire. Aujourd'hui, on éduque plutôt que de dresser, on comprend avant de contraindre,

on se rapproche et on se fait accepter du cheval pour mieux s'en faire un allié.

Comprendre le comportement naturel du cheval permet d'expliquer la plupart de ses craintes et de ses réactions afin de tirer le maximum de ses relations avec l'homme. Il est ainsi possible de compter sur l'intelligence et sur la bonne volonté de l'animal plutôt que de tenter de le briser : pour se faire comprendre et obéir, rien de tel que « parler cheval ».

Le cheval au naturel

Avant d'être un animal
domestique, le cheval
est un herbivore,
convoité par de nombreux
prédateurs.
Loin d'avoir oublié
ses origines, le cheval
moderne est toujours
la proie de ses instincts
ancestraux, ce qui ne
facilite pas toujours sa vie
aux côtés de l'homme...

Éthologie

Qu'est-ce que l'éthologie ?

**Pour comprendre le comportement des chevaux,
il faut les étudier dans un milieu proche du naturel.**

On appelle éthologie l'étude du comportement animal. Un éthologue est quelqu'un qui observe l'animal dans son milieu naturel et tente d'expliquer ce qu'il constate. Par extension, on parle d'éducation ou de dressage « éthologique » lorsque le dresseur se sert des capacités et des réactions naturelles de l'animal lors de l'apprentissage, plutôt que de le contraindre à obéir. Il s'agit donc en quelque sorte pour l'homme de se mettre au niveau de l'animal plutôt que d'attendre de ce dernier qu'il obéisse de façon inconditionnelle.

Quelques chercheurs ont étudié le comportement animal. Au lieu de se cantonner à l'observation en milieu naturel, beaucoup d'entre eux ont tenté de mieux comprendre les modes de réaction des animaux en les étudiant en captivité et en leur faisant subir divers tests. Ce fut notamment le cas de Pavlov, qui découvrit et étudia le principe de réflexe conditionné. Konrad Lorenz, un psychologue autrichien, fut le premier éthologue réellement reconnu, et il fit en son temps beaucoup progresser les connaissances sur le comportement animal et la plupart des éthologues d'aujourd'hui s'inspirent de ses travaux.

Les éthologues (ou comportementalistes) modernes s'intéressent assez peu au cheval. Certains se sont heureusement penchés sur cet animal. Comme ce fut le cas il y a une quinzaine d'années dans le monde canin, le monde équestre subit aujourd'hui une véritable révolution de fond, les méthodes basées sur l'usage de la force étant de plus en plus souvent remplacées par une meilleure compréhension de l'animal et l'emploi de méthodes douces (renforcement positif).

Le cheval est une proie

Dans la nature, à l'état sauvage, le cheval est une proie pour divers carnivores. C'est l'un des derniers animaux à avoir été domestiqué (il y a 6 000 ans) et son instinct lui commande toujours de fuir le danger, afin d'assurer sa propre survie. À l'instar de tout animal sauvage, et notamment de ceux qui, comme lui, ont à craindre les prédateurs, le cheval possède des sens particulièrement aiguisés. Son ouïe très fine lui permet ainsi de détecter un danger potentiel. Sa vue et son odorat confirment ou infirment ensuite ses premières inquiétudes. C'est en un instant qu'il prend la décision de réagir en fuyant le danger ou de se remettre à brouter tranquillement, s'il s'agit d'une fausse alerte. Une attitude tendue se communique vite à un groupe entier et le troupeau est toujours prêt à partir ventre à terre.

Animal-proie, le cheval garde les sens toujours en éveil.

■ Les attitudes devant le danger

Le cheval sauvage réagit en général à la présence d'un danger par la fuite. La nature l'a doté de longues jambes et d'une morphologie adaptée à la vitesse, et c'est une qualité dont il sait se servir pour échapper à d'éventuels poursuivants. La fuite est pour lui la réaction la plus saine, puisqu'elle ne nécessite ni temps de réflexion, ni aucune organisation particulière : il s'agit simplement de courir droit devant soi, le plus vite possible. Cette solution est généralement efficace et, dans la nature, seuls les animaux les plus faibles risquent réellement leur vie. C'est ce qu'on appelle la sélection naturelle, où seuls les plus forts survivent et se reproduisent.

Il y a toutefois des situations ou le cheval préfère faire face. Si l'ennemi ne l'impressionne pas vraiment par exemple (après tout, la nature l'a également doté de durs sabots et de bonnes dents !) ou, dans le cas d'une jument suitée, pour protéger un poulain.

La fuite est une réaction naturelle face au danger.

Le réflexe de fuite qu'ont les chevaux en présence d'un danger – réel ou non – peut parfois provoquer leur perte. Cette fuite instinctive peut se transformer en panique, qui gagne tout le troupeau. On assiste alors à une véritable débandade qui se termine trop souvent en catastrophe !

L'homme a longtemps profité de ces débandades pour chasser les chevaux : on pense que dans la préhistoire, une des techniques de chasse les plus efficaces consistait à effrayer un troupeau d'animaux et à diriger leur fuite vers le bord d'une falaise. Il suffisait ensuite aux chasseurs de se rendre au fond du ravin pour récupérer les carcasses des animaux n'ayant pas réussi à le franchir.

■ Une confiance à gagner

Dans la pratique de l'équitation, il arrive souvent que ce que l'on attend du cheval aille à l'encontre de ce qu'il ferait naturellement. Son mode de vie tout entier est bouleversé (hébergement, alimentation, etc.) et il lui faut, en plus, accepter de répondre à des demandes contraires à ses réactions instinctives s'il était laissé libre. Par exemple, pourquoi sauter un obstacle quand on peut passer à côté ou galoper à toute vitesse quand aucun danger ne menace ? Pourquoi s'éloigner du groupe pour travailler individuellement quand on possède un très fort instinct grégaire ?

Le plus difficile pour le cheval est d'apprendre à avoir une confiance aveugle en son cavalier. C'est pourtant à ce prix qu'on lui fera sauter des obstacles dont il ne voit pas la réception ou s'engager à un endroit qui l'inquiète. Il ne faut jamais oublier que la réaction naturelle du cheval face à un danger potentiel est de fuir, bien souvent sans attendre confirmation de ce qui l'inquiète. Ce sont ces réactions rapides qui lui sauvent la vie dans la nature. Aller contre sa nature profonde demande une confiance illimitée que l'on ne peut pas forcer : « Patience et longueur de temps font mieux que force et rage »…

Certains exercices exigent une grande confiance entre le cavalier et sa monture.

L'équitation amène souvent le cheval à agir contre sa nature.

Le rôle de la peur

Animaux végétariens, les équidés sont, à l'état sauvage, la proie des carnivores. C'est pour cela que le cheval est d'un naturel craintif : il lui faut en effet être constamment aux aguets pour anticiper au maximum la venue d'un prédateur et avoir ainsi les meilleures chances de survie. La fuite est sa meilleure défense et reste un instinct puissant, même à l'état domestique.

Ce qui lui est inconnu l'inquiète et il peut parfois paniquer en présence d'un élément apparemment anodin. De plus, la peur chez le cheval est extrêmement communicative. Dans un troupeau, il suffit qu'un cheval s'affole et prenne la fuite pour qu'une véritable panique s'empare des autres chevaux et que toute la troupe s'emballe. Ces débandades sont extrêmement dangereuses car les chevaux s'affolent les uns les autres et filent droit devant eux, traversant clôtures, routes el autres obstacles sans s'arrêter.

Certains chevaux à sang chaud s'affolent d'un rien. La plupart des cavaliers ont eu l'occasion de monter de tels chevaux, enchaînant écarts, « piles » et défenses diverses, voire allant jusqu'à s'emballer.

Le meilleur moyen de venir à bout des frayeurs de son cheval est de faire preuve de beaucoup de patience et de détermination, et surtout de rester calme en toutes circonstances. Suivre un vieux cheval calme et posé est une des meilleures solutions. Si l'on est seul, mettre pied à terre et précéder son cheval pour les passages difficiles évite souvent de longues « bagarres » tout en étant bien plus efficace pour l'aider à vaincre sa peur.

Dans le cas d'un cheval qui « embarque » son cavalier, le seul moyen de s'arrêter est souvent de mettre le cheval sur un cercle de plus en plus petit, tirer sur les rênes ne faisant qu'aggraver les choses.

Chacun sa personnalité

Dans un troupeau comme chez les chevaux domestique, chaque animal a sa propre personnalité. Certains sont d'un naturel dominant et extraverti, d'autres sont plus soumis et réservés. Ces caractéristiques sont plus ou moins transmissibles, et il est connu que des parents calmes auront plutôt des poulains calmes, alors que des animaux peureux transmettront ce trait de caractère à leurs petits. L'influence de la mère sur son poulain est particulièrement importante, puisqu'elle comprend la même

part d'inné (caractéristiques transmises par les gènes) que celle du père, avec en plus une part importante d'acquis. Cette dernière est composée des éléments appris par le poulain après sa naissance, alors qu'il reste constamment auprès de sa mère. Si celle-ci a tendance à être agressive, il apprendra très tôt à se

Observer des chevaux en liberté permet de découvrir la personnalité de chacun.

conduire de la même façon. Si elle est au contraire très soumise et fuit les autres chevaux, il y a de fortes chances pour que son poulain apprenne à faire de même. C'est par le langage corporel que les équidés transmettent la plupart de leurs émotions. Un cheval dominant n'aura en général que quelques mouvements à faire pour qu'un subordonné s'éloigne de son chemin. C'est donc en côtoyant et en observant les chevaux en groupe que l'on peut avoir une idée de leurs tempéraments respectifs.

Le cheval et les autres espèces

L'instinct grégaire du cheval est une de ses principales particularités comportementales. Il aime la compagnie de ses semblables et a tendance à s'ennuyer en leur absence. Toutefois, il peut lui arriver de nouer des liens avec des animaux d'autres espèces. Pour les chevaux domestiques, ceci est possible notamment avec des carnivores qui seraient pourtant leurs ennemis dans la nature.

C'est à l'écurie que la compagnie manque le plus au cheval. Le box est en effet loin d'être l'hébergement idéal pour un animal aussi grégaire. La solitude et l'ennui à l'écurie sont souvent à l'origine de dérives comportementales et autres stéréotypies (voir page 90). Dans certains cas pourtant, c'est le seul hébergement possible. La compagnie d'un animal, chèvre, mouton, chat, poule ou lapin permet alors au cheval de tromper sa solitude et son ennui. La présence de son compagnon d'écurie habituel peut aller jusqu'à lui devenir indispensable, et certains chevaux de sport de haut niveau ne se déplacent jamais sans leur « animal de compagnie ». Mais un cheval seul peut s'ennuyer quel que soit son type d'hébergement, et la compagnie d'un autre animal est aussi utile au pré. Faute d'un autre

Les chevaux à l'écurie souffrent souvent de la solitude.

Une interaction fréquente avec ses semblables est appréciée par le cheval !

équidé (cheval, âne ou poney), il peut très bien s'accommoder de la compagnie d'autres animaux, en particulier d'herbivores d'autres espèces. Les chèvres, moutons ou vaches (éviter la compagnie de taureaux, souvent imprévisibles) font d'excellents voisins de pâture. De plus, ils ne mangent pas les mêmes végétaux que le cheval et ne partagent pas les mêmes parasites. Leur présence auprès des équidés est donc bénéfique à plus d'un titre et on peut dire qu'ils sont complémentaires. C'est d'ailleurs ce qui se passe dans la nature, où de nombreuses espèces différentes occupent un même territoire, se partageant ses ressources. L'entraide est parfois possible entre les espèces et l'on observe ainsi des animaux apparemment très différents se rendre mutuellement service. C'est ainsi qu'on peut couramment observer des aigrettes perchées sur le dos des chevaux de Camargue.

Certains chevaux deviennent de véritables amis.

Exutoire pour le cheval élevé à l'écurie, le jeu est un moyen de se détendre et de rester en bonne condition physique. Les chevaux aiment jouer entre eux à se poursuivre ou à feindre des combats plus impressionnants que violents. Un cheval qui se trouve seul au pré ou au paddock apprécie la présence d'un compagnon de jeu qu'il connaît bien, quelle que soit l'espèce de ce dernier. C'est ainsi que certains chiens apprennent à partager les jeux des équidés et en deviennent les compagnons privilégiés.

Attention toutefois, s'il peut être très tentant de vouloir faire cohabiter deux animaux, ce n'est pas une décision à prendre à la légère. Il faut tenir compte du tempérament des deux futurs compagnons et faire les présentations dans le calme, sans rien précipiter. Les animaux agressifs ou trop brutaux sont à éliminer d'office. Attention notamment aux chiens, qui sont parfois emportés par leur instinct de chasse et peuvent se transformer en véritables prédateurs ! Un chien « chasseur » peut blesser un cheval gravement et risque sa propre vie entre les sabots d'un animal aussi imposant en proie à la panique.

Le jeu est pour le cheval un moyen de se détendre.

Le cheval est-il intelligent ?

On a pendant de nombreuses années considéré le cheval comme un animal peu ou pas intelligent. Les quelques recherches sur la question semblent pourtant faire mentir cette idée reçue. Une observation attentive des chevaux permet de découvrir qu'ils sont tout à fait capables de comprendre certaines choses et d'effectuer des raisonnements simples.

Si les savants ont très longtemps estimé que les équidés manquaient d'intelligence, c'est principalement parce qu'ils recherchaient des capacités semblables à celles de l'homme et d'animaux tels que le chat et le chien : des chasseurs plutôt que des proies potentielles. Comparer les réactions d'un cheval et d'un chien dans des situations données n'est pas une méthode fiable pour mesurer leurs intelligences respectives. En effet, le premier est un herbivore dont la réaction instinctive en cas de danger est la fuite. Il a facilement peur et son instinct de conservation prend alors le dessus car c'est à sa vitesse de réaction qu'il doit sa survie à l'état sauvage. Par opposition, le chien est un carnivore chasseur, qui plus est domestiqué depuis bien plus longtemps que les équidés. Il a donc tendance à réagir de façon tout à fait différente en cas de crise. On ne peut pas réellement en conclure que l'un est plus ou moins intelligent que l'autre, leurs capacités sont simplement très différentes.

Comme chez les humains, on considère que certains chevaux sont plus doués que d'autres. Il est possible en utilisant des tests relativement simples d'évaluer et de comparer leur intelligence. Ces tests consistent en une série d'exercices, que l'on propose à l'animal en chronométrant ses réactions. On place le cheval devant un obstacle le séparant d'un congénère ou d'une friandise par exemple, et on observe ses réactions et le temps qu'il met à le contourner. On peut aussi cacher de la nourriture dans une boîte ou sous un seau retourné, mettre le cheval dans une sorte de labyrinthe, etc. Plus l'animal réagit rapidement et plus il a tendance à comprendre vite les gestes qui lui apportent la récompense et à les répéter dans des situations semblables, plus on considère que sa faculté d'apprentissage, et donc son intelligence, sont développées.

Les chevaux de cirque et les chevaux savants ne sont pas, contrairement aux arguments de certains, des animaux dressés comme de vulgaires robots. Le cheval possède une immense faculté d'interprétation des émotions et du langage corporel des autres (y compris des autres espèces) et c'est bien souvent ce qui lui permet d'apprendre, bien plus que la simple répétition. Cas d'école, celui du célèbre Clever Hans, qui était selon son maître capable de résoudre de difficiles problèmes arithmétiques. On a découvert qu'il traduisait en réalité les réactions des humains qui l'entouraient et que c'était ainsi qu'il connaissait les réponses aux questions posées !

Un animal grégaire

La structure sociale

Le cheval est un animal naturellement attiré par ses semblables et dont la vie est organisée au sein d'un groupe. On dit qu'il est grégaire, un instinct qu'il est impossible d'ignorer lorsqu'on travaille avec les équidés.

L'instinct grégaire est celui qui pousse certains animaux à se regrouper pour former des troupeaux organisés. Par extension, on parle aussi d'instinct grégaire lorsqu'un cheval isolé recherche la compagnie de ses semblables, qu'il les connaisse ou non. Ce penchant domine toute l'existence du cheval et engendre de nombreux comportements annexes.

Les chevaux possèdent un fort instinct grégaire.

■ L'importance du groupe

La vie en groupe donne aux animaux susceptibles d'être chassés une meilleure défense contre les prédateurs. En outre, la vie en communauté procure certains avantages plus simples : possibilité de se gratter ou de se chasser les mouches mutuellement ou de dormir en faisant des tours de garde, par exemple. Pendant qu'une partie du troupeau se repose, les autres restent aux aguets pour se reposer à leur tour un peu plus tard. Quand survient un danger, c'est le troupeau tout entier qui prend la fuite ou au contraire se regroupe pour y faire face.

Les chevaux domestiques vivant au pré à plusieurs ont un mode de vie assez proche de celui qu'ils auraient dans la nature : ils se rassemblent suivant leurs affinités, suivent une hiérarchie et se déplacent ensemble. Ceux que l'on fait vivre au box, sans contact direct avec d'autres chevaux développent bien souvent des troubles du comportement liés à la solitude et à l'ennui. Leurs besoins fondamentaux ne sont pas respectés puisqu'ils ne peuvent suivre leurs instincts de vie naturels.

L'instinct grégaire a parfois des inconvénients : la plupart des chevaux n'apprécient guère de s'éloigner de leurs congénères, ce qui rend le travail individuel ou les promenades en solitaire assez problématiques pour le cavalier. Parfois, les réactions du cheval peuvent être très violentes, et il est bon de toujours faire très attention lorsqu'on souhaite isoler un cheval des autres pour la première fois.

■ Le cheval solitaire

Les chevaux ont une ouïe très développée et communiquent à distance par le son. Ils s'appellent en hennissant. Un cheval séparé de son groupe hennit pour tenter de « contacter » ses congénères et de les localiser. Si une réponse lui parvient, c'est qu'il n'est pas tout à fait seul et il continuera ses appels dans l'espoir de pouvoir retrouver et rejoindre son troupeau. Laissé seul, il porte toute la responsabilité de sa propre sauvegarde en cas d'attaque d'un prédateur, sans pouvoir compter sur ses congénères. Tous ses sens sont en éveil afin de localiser d'autres chevaux ou un danger éventuel. Personne n'est là pour lui tenir compagnie ou

Le hennissement sert généralement à appeler les autres chevaux.

monter la garde quand il se repose, personne avec qui partager jeux et séances de pansage mutuel… La solitude va à l'encontre de la nature même du cheval : à l'état sauvage, un cheval seul est un animal qui a été banni par son clan, son existence est en péril s'il ne parvient pas à rejoindre (ou à former) une nouvelle famille.

■ Une organisation hiérarchique

Chaque individu a sa place dans le troupeau : on parle de hiérarchie. Si les chevaux domestiques sont souvent parqués en groupes très disparates, il n'en est en effet pas de même pour les troupeaux sauvages. Ceux-ci sont tous organisés autour de la même structure, avec un nombre d'individus variable selon l'environnement dans lequel ils évoluent. Un groupe de chevaux sauvages est constitué en grande majorité de femelles. En général, le « harem » d'un étalon

La hiérarchie est importante dans les groupes d'équidés.

Quelle que soit leur taille, les chevaux et poneys se reconnaissent comme des membres d'une même espèce.

comporte de trois à six juments mais dans certaines régions (comme sur l'île américaine de Sable Island), leur nombre peut aller jusqu'à une vingtaine. Ce sont elles qui décident la plupart du temps de la marche du troupeau, initiant les déplacements quotidiens. Les poulains de l'année sont intégrés au troupeau quel que soit leur sexe. Ils passent le plus clair de leur temps à dormir, manger ou jouer, sous l'œil protecteur de leurs mères. Passé l'âge d'un mois, les jeunes se lancent dans des poursuites effrénées ou encore des simulacres de combat pour les jeunes mâles. Ceux-ci se voient généralement chassés du troupeau par l'étalon dès qu'ils atteignent l'âge de deux ans, parfois dès un an. Les pouliches, elles, restent au sein du troupeau jusqu'à trois an, après quoi elles rejoignent bien souvent un autre groupe, ce qui limite la consanguinité.

■ Le rôle du mâle

La plupart des groupes ne comportent qu'un mâle adulte, parfois deux. Le rôle de l'étalon est non seulement d'assurer sa descendance avec ses juments, mais aussi de protéger le groupe contre les dangers extérieurs. Il veille sur son harem, restant toujours aux aguets et chassant sans ménagement les importuns. Il ramène également au bercail les juments qui auraient décidé de s'éloigner un peu trop du troupeau. S'il sent la proximité d'un autre mâle ou d'une menace quelconque, c'est lui qui prend la direction des opérations et rassemble juments et poulains pour les mettre à l'abri. Sa place est très convoitée et il doit parfois la défendre contre d'autres mâles trop entreprenants.

Les jeunes mâles quittent le groupe où ils sont nés dès qu'ils ont atteint leur maturité sexuelle. Ils ont passé une bonne partie de leur jeunesse à s'entraîner au combat en

Les membres dominants du troupeau savent se faire respecter.

jouant à lutter les uns contre les autres et sont donc préparés à la vie d'adulte. Ils poursuivent leur apprentissage pendant quelques années au sein de petits groupes de jeunes célibataires. Un jour peut-être, ils oseront se mesurer à un étalon pour lui prendre son troupeau, ou ils parviendront à former leur propre harem en séduisant des pouliches qui se sont éloignées de leur groupe.

Le guidage par l'arrière

S'il pressent la proximité d'un danger (rival ou prédateur), l'étalon a tendance à rassembler rapidement ses juments. Il baisse la tête, étend l'encolure vers le sol, les oreilles couchées et les naseaux froncés. Il passe derrière la jument qu'il « ramène » et la poursuit en balançant sa tête de gauche à droite, la dirigeant vers le groupe. Il fait aussi souvent mine de lui mordre les postérieurs pour la faire avancer plus vite. Cette attitude menaçante est en général très efficace : rares sont celles (et ceux !) qui lui résistent ! Le guidage est obéi même s'il est effectué à une distance importante (jusqu'à une vingtaine de mètres). Les Britanniques appellent parfois cette attitude snaking, à cause des mouvements de la tête et de l'encolure

qui ressemblent aux balancements d'un serpent *(snake)*. On peut comparer ce comportement à celui du chien de berger qui, de la même façon, ramène vers le troupeau les brebis égarées. Il les contourne, tête basse, menaçant de les mordre aux jarrets si elles n'obtempèrent pas assez vite. Le guidage n'est pas l'apanage de l'étalon, mais c'est tout de même une de ses spécialités. Il l'utilise pour ramener vers le troupeau une jument ou un poulain qui s'en serait trop écarté, se mettant ainsi à la merci d'un autre mâle. En effet, c'est lorsqu'elles s'éloignent du troupeau que les juments risquent d'être récupérées par une bande rivale, et l'une des priorités de l'étalon est de conserver dans son « harem » le maximum de juments, afin de s'assurer une nombreuse descendance et de transmettre son potentiel génétique. Certaines juments adoptent ce même comportement pour pousser une intruse ou une subordonnée hors de leur chemin. Enfin, il arrive à des hongres domestiques de chasser ainsi un importun. L'homme doit impérativement comprendre et respecter les règles du groupe sous peine de se voir « raccompagner » sans ménagement par l'étalon ! Celui-ci peut voir d'un mauvais œil que l'on tente de séparer une de ses juments du « harem » et réagir en menaçant tout d'abord, puis en mettant ses menaces à exécution si elles ne suffisent pas à impressionner l'intrus. Dans ce cas, il est plus sûr de relâcher la jument et de tenter sa chance un peu plus tard, après avoir calmé l'étalon.

L'importance de la hiérarchie

On considère généralement que la vie en groupe sous-entend une organisation hiérarchique, un certain ordre social. Cette hiérarchie dépend de l'âge, du sexe, du tempérament et de l'état de santé de chacun des individus du groupe, et non pas de leur taille ou de leur race : il est fréquent de voir un minuscule shetland mener un immense cheval par le bout du nez !

Une fois l'ordre installé, celui-ci n'est plus guère bouleversé que lors de l'arrivée de nouveaux individus dans le groupe. Un vieux chef risque aussi un jour de voir sa place prise par un plus jeune que lui. Cet ordre établi permet de conserver un certain calme au sein du troupeau et d'éviter le gaspillage d'énergie qu'entraîneraient d'incessantes bagarres.

La hiérarchie entre les juments peut se présenter ainsi : une jument domine toutes les autres, une seconde domine tout le monde sauf la première, etc. L'étalon, lui, se place légèrement en dehors de cet ordre social. Il décide des mouvements du troupeau en cas de danger et rassemble « ses » juments, mais ne prend que rarement part à des conflits internes au troupeau.

■ Le langage corporel

Le langage corporel et les expressions faciales sont une part importante de la communication entre les chevaux. Ils permettent notamment à l'animal de faire part de son humeur et de son rang hiérarchique (ou de celui qu'il souhaite atteindre) à ceux qui l'entourent. Oreilles couchées, naseaux froncés, un cheval dominant prévient l'importun : « Si tu t'approches, tu vas le regretter ! » En général, cette simple menace suffit à dissuader l'arrivant d'aller plus loin, à moins que celui-ci soit lui-même d'un rang hiérarchique supérieur, ou qu'il ait l'intention d'y parvenir. Dans ce cas, il peut y avoir

Contrairement à ce que l'on pourrait penser, le cheval est un animal très expressif.

quelques coups de dents ou de pieds avant que l'un des deux ne capitule. Les affrontements sont toutefois généralement sans gravité et comportent une grande part de bluff. Les blessures sont rarissime car la plupart des coups ne portent pas. Il n'est d'habitude pas très difficile de voir lequel de deux chevaux est « le chef ». Le dominé s'écarte docilement du chemin du dominant, sans aucune résistance. Ce dernier lui fait comprendre ce qu'il attend de lui par de grands coups de tête et une mine peu engageante. Les prétextes pour le dominant de repousser un subordonné sont nombreux : une touffe d'herbe plus tendre et appétissante, une jument, ou tout simplement le

Les oreilles du cheval, très mobiles, lui permettent d'exprimer ses émotions.

désir d'affirmer sa dominance. L'étalon utilise une attitude similaire pour rassembler ses juments en présence d'un rival ou d'un danger : on parle de guidage (voir encadré page 21). Les poulains, eux, utilisent une mimique particulière, qu'on appelle mouthing ou snapping (voir page 61) pour exprimer leur soumission face à un adulte.

■ La place du cavalier

Quel que soit son rang hiérarchique dans le troupeau, le cheval doit respecter l'être humain. Dès son plus jeune âge, cet animal qui fera 400 ou 500 kg une fois adulte, doit apprendre qu'il ne peut pas traiter l'homme comme un vulgaire subordonné. Toute marque d'agressivité doit être immédiatement punie, sous peine de se retrouver avec un cheval incontrôlable et dangereux. Il ne s'agit pas de s'imposer par la force et d'inspirer la crainte : il suffit de savoir se faire respecter en ne tolérant ni bousculade ni agression. Une petite tape sur le nez et un ton sévère suffisent généralement. On peut aussi imiter le langage corporel d'un cheval dominant pour lui faire comprendre qu'on ne se laisse pas impressionner. Cette méthode utilisant le langage naturel du cheval peut être très utile lors de l'apprivoisement et du débourrage, les chevaux acceptant bien sûr plus facilement un homme qui parle le même langage qu'eux.

Si le cheval doit apprendre à respecter l'homme, ce dernier ne doit pas pour autant se comporter en tyran et mépriser sa monture. Il est important de comprendre les motivations du cheval et de connaître son tempérament et sa place parmi les autres chevaux lorsqu'on souhaite travailler en groupe. En effet, il arrive que les rapports hiérarchiques entre certains individus soient très marqués et que, même sous la selle, ces rapports ressortent. Un cheval très soumis à un autre très dominant risque de paniquer si son chef s'approche trop de lui, en reprise par exemple. Il est donc important de respecter les relations entre les chevaux et, dans la mesure du possible, de séparer ceux qui ne s'entendent pas, en plaçant de préférence le soumis derrière le dominant et en intercalant un cheval « neutre » entre deux « ennemis ».

Les rapports homme-cheval doivent être clairs. Sans être un tyran, l'homme doit savoir s'imposer comme dominant.

Amis ou ennemis ?

Au sein même du groupe, il existe des amis… et des ennemis. Cependant, tout le monde vit en général en harmonie car la hiérarchie est connue et respectée par tous les membres du groupe. Les juments dominantes n'ont qu'à se montrer pour que leurs subordonnées leur abandonnent la place ou la touffe d'herbe tant convoitées. Le langage corporel est très important chez le cheval, et les menaces se résument souvent à un simple froncement de naseau et à des

Le poulain (à droite) exprime sa soumission face à son aîné.

oreilles couchées. Les véritables affrontements sont rares mais impressionnants, bien qu'ils comportent une grande part de bluff.

■ Les amitiés dans la hiérarchie

Les jeunes et les juments d'un rang proche et qui s'apprécient passent beaucoup de temps ensemble à se chasser les mouches ou à se panser mutuellement. Cette interaction est le signe d'une bonne entente entre deux individus. En groupe, les chevaux se rassemblent habituellement par affinités. Les « amis » se grattent mutuellement, mangent ensemble, dorment côte à côte…

Dès ses premiers jours, le poulain commence à s'intéresser à ceux qui l'entourent. Il choisit pour ses jeux des jeunes de son âge et généralement de son sexe (les jeux des mâles et des femelles diffèrent assez tôt). Dans un troupeau important, de petits groupes se forment vite, certains poulains s'entendant mieux que d'autres. Il est amusant de noter que, comme chez les humains, les mères influencent en partie les « fréquentations » de leur progéniture, en les éloignant des « familles » avec lesquelles elles ne s'entendent pas.

Des clans se forment de la même façon dans les groupes de jeunes d'un même sexe, qu'il s'agisse de chevaux d'élevage ou d'une harde de jeunes mâles célibataires. Les rivaux s'évitent généralement, sauf pour de brefs mais violents échanges.

■ Gérer les affinités

Un jeune cheval qui s'est attaché à un animal plus âgé sera plus facile à éduquer : il suivra partout son aîné et profitera de son expé-

Lorsqu'on travaille avec les chevaux, il faut savoir tirer parti d'éventuelles affinités.

Le pansage mutuel

En liberté, une des activités favorites des équidés est le grattage. Ils se grattent tout seuls avec les dents ou un sabot, en utilisant un arbre ou en se roulant dans la poussière, mais ils utilisent aussi les services de leurs voisins pour se gratter le garrot et l'encolure. Une activité qui ne se résume pas à un simple échange de bons procédés.

Deux chevaux se rapprochent et se mettent tête-bêche, avec le nez à hauteur du garrot l'un de l'autre. Le cheval qui initie le grattage commence par frotter le garrot ou l'encolure du voisin avec sa lèvre supérieure étendue. En général, l'autre cheval répond aux sollicitations du premier et tout deux se mettent vite à se panser mutuellement à grand renfort de coups de dents énergiques.

Seuls les chevaux qui s'entendent bien ou qui occupent un rang proche dans la hiérarchie acceptent de se gratter mutuellement. C'est pour eux une façon de se montrer qu'ils s'apprécient et de se détendre. Si un cheval de rang inférieur prend parfois l'initiative de panser un de ses supérieurs hiérarchiques, c'est en général ce dernier qui mettra fin à la séance quand bon lui semblera. Parfois, ce qui commence comme une séance amicale dégénère et le pauvre subordonné se retrouve éconduit avec morsures et cris d'indignation.

C'est aussi un moyen pour l'étalon de faire sa cour à une jument. Il lui gratte doucement l'encolure avec ses dents puis, selon les réactions de la belle, il décide ensuite de pousser ses investigations plus loin ou de remettre « le grand jeu » à plus tard !

rience. Cette technique du « maître d'école » permet, par exemple, de traverser sans encombres les passages délicats en extérieur avec un jeune cheval, rassuré de se trouver derrière un compagnon bien tranquille. Dans certaines disciplines comme l'attelage à deux ou à quatre chevaux, la poste hongroise ou l'équitation à la turkmène, il est indispensable de tenir compte des relations entre les chevaux que l'on souhaite voir travailler en symbiose.

Un cheval mis au pré avec un compagnon qui le brutalise constamment ne sera pas plus heureux que s'il était tout seul. À l'inverse, un animal que l'on prive de son compagnon préféré sera malheureux même s'il partage une grande pâture avec des dizaines d'autres chevaux. Dans certains cas, des animaux ainsi séparés ne supportent absolument pas la situation et ils font tout pour rejoindre leurs anciens amis, à moins qu'ils ne se laissent tout bonnement dépérir de chagrin. Il est prudent quand on doit séparer ainsi deux compagnons très attachés l'un à l'autre de procéder de façon progressive en les séparant d'abord quelques heures chaque jour. Ensuite, mieux vaut les surveiller avec attention pendant plusieurs jours, tout en leur proposant à chacun le maximum de distractions. Il arrive que malgré tous les efforts, l'attachement soit trop fort pour que l'animal se fasse à la solitude, auquel cas il vaut mieux se résoudre à laisser les amis vieillir ensemble !

L'emploi du temps naturel

Vos nuits sont plus belles que mes jours

Se nourrir et se reproduire, telles sont les préoccupations principales des animaux et le cheval ne fait pas exception à la règle. Manger, dormir, jouer, son emploi du temps ne paraît pas très compliqué.

Alors qu'en liberté, le cheval passe le plus clair de son temps à brouter, quand on le monte, on lui demande souvent de trotter, galoper ou sauter, des activités qu'il ne pratique que très rarement (voire exceptionnellement) dans son milieu naturel. En outre, il ne reçoit généralement au box que deux ou trois repas par jour.

Tout cela fait donc du cheval domestique un animal souvent perturbé, ce qui cause tics et vices divers. Il est par conséquent indispensable de prendre en compte ses besoins naturels pour mieux comprendre ses réactions en captivité. Pour être heureux, un cheval ne doit pas s'ennuyer : au box, on lui donnera des jouets d'écurie et du foin à volonté. Afin qu'il puisse « se dégourdir les jambes » : on le laissera au pré aussi souvent que possible et on lui offrira des séances de détente au paddock tous les jours s'il vit en box. Il a besoin du contact de ses congénères : c'est la vie au pré qui lui convient le mieux, ou éventuellement en stabulation libre. Enfin, le travail ne doit pas être pour lui une corvée : on le lui présentera d'une manière ludique, en ne passant pas trop de temps sur un même exercice et en alternant séances de travail, jeux et promenades.

La vie au pré se rapproche de celle qu'aurait le cheval à l'état sauvage.

Manger toute la journée

Les chevaux sauvages parcourent parfois de grandes distances pour trouver suffisamment d'herbe pour nourrir le groupe. Animal social, ses déplacements se font en groupe et sont souvent motivés par la recherche constante de nourriture et d'eau.

Dans la nature, la plupart des déplacements sont motivés par la recherche de nourriture.

Le cheval de club, dont l'activité principale est le travail en reprise, ne reçoit généralement que deux ou trois repas par jour alors qu'un cheval en liberté passe environ 80 % de ses jours et 60 % de ses nuits à manger. Et pour cause : son système digestif et son petit estomac ne lui permettent pas d'ingurgiter de grandes quantités de nourriture à la fois. De plus, l'herbe est sa nourriture principale. Si l'on compare la taille d'un brin d'herbe (qui contient 80 % d'eau et est très peu nourrissant) avec celle d'un cheval, on comprend vite que ce dernier a besoin d'une très grande quantité d'herbe pour subvenir à ses besoins.

La petite taille de l'estomac du cheval fait qu'il ne peut contenir en une seule fois les aliments nécessaires à une journée. C'est pourquoi la règle d'or de l'alimentation équine est de donner de petites quantités de nourriture réparties dans la journée. C'est le mode d'alimentation le plus naturel pour les chevaux et les poneys, contrairement aux carnivores comme le chien ou le chat, qui se contentent facilement d'un ou deux gros repas par jour.

Nous l'avons vu, l'alimentation est l'activité qui prend le plus de temps au cheval sauvage : il mange toute la journée ! Qu'en est-il du cheval domestique ? Souvent enfermé au box 23 heures sur 24, il ne reçoit

Le cheval à l'écurie doit recevoir une alimentation riche en fourrage. Les « concentrés » ne servent que de complément énergétique.

au mieux que deux ou trois rations par jour, qu'il consomme en quelques minutes. Une litière de paille, du foin à volonté et un bloc de sel à lécher sont bien plus que du « lest » et des compléments alimentaires : ils aident le cheval à passer le temps sans prendre de mauvaises habitudes et lui permettent un mode d'alimentation proche du naturel.

Enfin, il faut noter que le cheval a tendance à avaler tout ce qu'il peut, quelle que soit la nourriture qu'on lui propose. C'est pourquoi il est indispensable de garder les réserves d'aliments à l'abri d'une éventuelle visite : un cheval échappé ne doit pas y avoir accès sous peine d'indigestion, de coliques graves ou de fourbure !

Le sommeil

Comme tous les animaux proies, le cheval doit être à même de s'enfuir au moindre signe d'alerte, et donc être toujours en éveil. Pourtant, il a tout de même besoin de se reposer et de dormir. C'est grâce à une parfaite organisation du groupe et à des sens aiguisés que chevaux et poneys parviennent à combiner sommeil et survie. En liberté, c'est souvent à la mi-journée que le groupe fait une petite sieste, en respectant des

C'est souvent à la mi-journée que les chevaux se reposent.

tours de garde pour s'assurer qu'aucun danger ne menace. Les poulains et les jeunes chevaux dorment plus fréquemment et plus profondément que les adultes, mais ceux-ci ont aussi droit à leur moment de repos, chacun à leur tour.

Le cheval passe beaucoup moins de temps à dormir que les prédateurs, tels que le chien, le chat ou l'homme. Son sommeil est aussi moins profond, sauf quand il se couche de tout son long : c'est là qu'il est le plus vulnérable car son temps de réaction est plus long et il peut être surpris par une attaque rapide. C'est pour cette raison qu'un cheval qui passe beaucoup de temps couché est sûrement malade : il adopte un comporte-

Un cheval qui reste longtemps couché sur le flanc est peut-être malade !

ment totalement opposé à son instinct naturel. Toutefois, les chevaux domestiques sont souvent plus détendus. Il arrive même qu'un groupe entier soit couché en même temps, c'est alors la preuve qu'il se sent parfaitement en sécurité.

Quand il dort profondément, le cheval a les mêmes « activités » que les autres animaux : comme eux il peut ronfler, par exemple. Il rêve aussi et si on s'approche discrètement d'un cheval endormi, on peut parfois l'entendre pousser quelques cris étouffés et le voir s'agiter légèrement dans son sommeil, exactement comme un chien qui rêve.

■ Il dort trop ou pas assez !

Un cheval qui se couche fréquemment ou semble dormir souvent peut être malade. Il se peut aussi qu'il soit fatigué suite à un travail trop dur, ou bien que sa ration ne soit pas suffisante par rapport aux efforts fournis.

À l'inverse, il arrive que des chevaux inquiets ne se couchent presque jamais, ce qui est bien entendu mauvais pour leur santé. Il faut ainsi surveiller les animaux dont

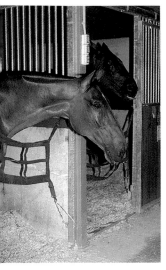

la situation a changé récemment pour s'assurer que tout va bien. Changement de pré, de box, départ ou arrivée d'un compagnon de pré ou d'écurie sont autant d'éléments qui peuvent perturber l'animal sensible qu'est le cheval. Il se peut, par exemple, que l'animal soit le souffre-douleur d'un de ses compagnons de pré : celui-ci peut l'empêcher de manger, de boire mais aussi le fatiguer en le poursuivant constamment et l'empêcher de se reposer. Dans ce cas, si leurs relations ne s'améliorent pas rapidement, il faut absolument les séparer. Un cheval peut aussi se laisser dépérir parce qu'on l'a séparé d'un compagnon auquel il était attaché. Il marche de long en large en hennissant sans cesse, refuse de manger et bien sûr ne dort plus. Là encore, si cette situation est normale pendant quelques heures, voire un jour ou deux, au bout d'une semaine il y a de quoi s'inquiéter ! En bref, il faut assurer au cheval une atmosphère sécurisante, afin qu'il soit suffisamment détendu pour dormir quand il en a besoin.

Le stress peut parfois empêcher les chevaux de se reposer.

Dans certains cas, la solitude est préférable à une mauvaise compagnie !

Les différentes phases du sommeil

On distingue chez le cheval plusieurs phases de repos, allant de la détente au sommeil profond :

– Le repos éveillé (debout) : l'animal reste debout et garde les yeux ouverts ou mi-clos. Son attitude générale est détendue et il a un membre au repos. Celui-ci est replié et repose légèrement sur la pointe du sabot s'il s'agit d'un postérieur, dans sa position normale mais sans appui s'il s'agit d'un antérieur.
C'est une attitude que les chevaux adoptent très fréquemment et qui leur permet de soulager leurs membres tour à tour, ces derniers ayant un poids considérable à porter par rapport à leur taille.

– Le sommeil léger (debout) : le cheval est en station debout, un membre au repos ou non, les articulations bloquées. Il porte son encolure en dessous de l'horizontale, tête basse. Ses yeux sont clos, ses oreilles relâchées, ses naseaux détendus et allongés. Sa lèvre inférieure pend légèrement. C'est la première phase du sommeil. C'est aussi la moins dangereuse : en cas de danger, l'animal se réveille et peut fuir instantanément sans perdre de temps à se relever.

– Le repos éveillé (couché) : le cheval est en position couchée, les membres repliés sous la masse, la tête et l'encolure hautes, les yeux ouverts.
– Le sommeil léger (couché) : la position est la même que pour la phase précédente mais avec la tête basse, le nez appuyé au sol. L'expression est celle du sommeil : yeux fermés, traits détendus, oreilles portées sur le côté.

– le sommeil profond : le cheval est couché sur le côté, les membres étendus au sol. C'est le stade le plus profond du sommeil et le cheval n'y accède que lorsqu'il se sent parfaitement en sécurité. Un cheval adulte qui reste longtemps dans cette position, surtout s'il ne dort pas, est souvent un cheval malade. Par contre, les poulains dorment très souvent ainsi.

L'interaction entre les chevaux

Quand il n'est pas en train de manger ou de dormir, le cheval sauvage passe son temps à se déplacer (à la recherche d'eau ou de nourriture), ou à entrer en contact avec les autres membres du troupeau.

Le pansage mutuel est un signe d'amitié entre deux équidés.

Les jeux sont généralement l'apanage des plus jeunes, bien que les adultes se laissent souvent entraîner dans leurs courses-poursuites. Les autres formes de contact consistent à se panser mutuellement (en grattant le garrot et l'encolure du voisin), ou à se chasser les mouches tête-bêche. Ces activités n'ont lieu qu'entre des animaux qui s'entendent bien et sont d'un rang hiérarchique proche. Bien sûr, il y a aussi quelques « accrochages » entre chevaux qui ne s'apprécient pas, mais ils sont rares au sein d'un troupeau déjà constitué et organisé.

L'instinct maternel de la jument (voir page 59) est très fort et elle s'occupe beaucoup de son poulain pendant les premiers mois, allant jusqu'à vérifier ses fréquentations. C'est auprès de sa mère que le poulain apprend les bases de la vie en groupe.

Enfin, le dernier type de contact est celui observé entre l'étalon et ses juments pendant la saison des amours. La cour de l'étalon (voir page 54) est longue et complexe. Ses relations avec les juments du groupe sont souvent tendres, parfois brutales (il a ses têtes et n'hésite pas à expulser du groupe une jument qui ne lui plaît pas). Dans l'ensemble, la vie au sein du troupeau est tranquille et les relations entre les chevaux paisibles.

Le jeu

On le sait, le jeu participe au développement et à l'apprentissage des jeunes humains comme des jeunes animaux. Ce qu'on oublie souvent, c'est que les adultes ont eux aussi besoin de jouer, et le cheval ne fait pas exception à cette règle.

Le premier compagnon de jeu du poulain, c'est sa mère !

Les poulains jouent beaucoup pendant leur première année et les chevaux continuent à jouer jusqu'à l'âge adulte. Les pouliches affectionnent plutôt les courses-poursuites parsemées de ruades et de bonds joyeux tandis que les jeunes mâles préfèrent les simulacres de combats. C'est notamment grâce au jeu qu'ils apprennent les règles de la vie en société et l'attitude à avoir en cas d'affrontement. À l'état sauvage, en pâture ou au paddock, les adultes ont droit, eux aussi, à leurs « quarts d'heures de folie ».

■ Quels jeux pour le cheval domestique ?

S'il est habituel de donner des jouets à un chien, le cheval domestique, lui, en est bien souvent privé. Il a pourtant tout autant besoin d'activité et de distractions qu'un canidé. Cette notion est heureusement de plus en plus répandue et on trouve dans le commerce quelques jouets spécialement étudiés pour les équidés : gros ballon muni d'une poignée, distributeur de nourriture à faire rouler au sol ou grosses pommes en plastique à suspendre dans le box par exemple. À l'écurie, au paddock ou au pré, ils

Les chevaux adultes apprécient de pouvoir se détendre et s'amuser.

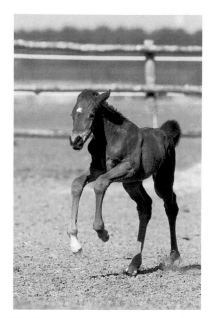

Attention à ne pas permettre au poulain des jeux qui lui seront interdits à l'âge adulte : charger ou bousculer par exemple.

permettent au cheval de se distraire en s'amusant plutôt qu'en prenant de mauvaises habitudes qui, une fois bien ancrées, seront très difficiles à faire passer.

On peut aussi jouer avec son cheval, mais en respectant certaines règles. Il ne faut pas oublier que le cheval est un animal lourd et puissant, dont les sabots et les mâchoires sont à même de causer de sérieux dégâts. Prudence, donc ! La règle numéro un est d'apprendre à son cheval le respect de l'homme et de ne tolérer aucune brutalité. Attention aux jeux qui, s'ils sont amusants avec un poulain, deviennent dangereux avec un adulte. Il faut par exemple éviter de le laisser poser ses antérieurs sur les épaules ou mordiller. Une fois les règles établies, le jeu est possible et même bénéfique, nombre de dresseurs s'en servent d'ailleurs habilement.

■ Le cheval « trop » joueur

Si le jeu peut avoir un effet positif sur l'apprentissage, il peut aussi être un frein au travail s'il n'est pas canalisé. Par exemple, certains chevaux à sang chaud prennent un malin plaisir à partir en sauts de mouton dès qu'on leur monte sur le dos, rendant le travail impossible et semant vite la zizanie dans une reprise. Les « coups de folie », comme la panique, ont en effet tendance à être contagieux ! La solution est relativement simple : il suffit généralement de longer le cheval quelques minutes avant le travail ou de le mettre en liberté pour qu'il se détende. Le cheval est un animal grégaire, nous l'avons vu, mais il saura néanmoins se défouler tout seul si on le lâche au paddock ou s'il a des jouets à sa disposition. Ruades, sauts de moutons et autres bonds de gaieté lui permettront de retrouver calme et bonne humeur en « lâchant son jus ». Une fois la détente terminée, il est temps de passer au travail. Resté de nombreuses heures enfermé, il avait simplement besoin de se défouler avant de pouvoir se concentrer au travail, il est alors bien plus à même d'être à l'écoute de son cavalier.

Les déplacements du groupe

■ Se déplacer pour vivre

Un cheval a besoin de se nourrir, cette activité occupant la plus grande partie de sa journée, et lorsque tous les végétaux comestibles d'une zone ont été consommés, il lui faut chercher ailleurs. De même, il est indispensable aux chevaux de se rendre régulièrement à un point d'eau pour s'y abreuver (un cheval boit en moyenne trente à quarante litres d'eau par jour). Que ce soit dans la nature ou dans un pré, la plupart des déplacements sont ainsi motivés par le besoin de boire et de manger.

Au sein des troupeaux « naturels », ce n'est pas, en temps normal, l'étalon qui décide des déplacements du groupe mais la jument dominante. Le mâle, lui, se contente en général de suivre en surveillant les « arrières ». Le troupeau se déplace alors à allure lente : le plus souvent au pas.

En cas de danger, toutefois, l'étalon prend l'initiative et dirige tout le troupeau par derrière, à grand renfort de coups de tête. C'est ce que l'on appelle le guidage (voir encadré page 21). Celui-ci n'intervient qu'en cas de crise : proximité d'un mâle

Le galop ne sert dans la nature qu'à fuir ou à se détendre.

Les pistes de déplacement

D ans la nature comme dans un pré, les chevaux doivent se déplacer pour se nourrir, s'abreuver ou se protéger du soleil. Ces déplacements, anodins à première vue, suivent pourtant des règles que l'on ne devine qu'en les observant avec attention. Si l'on prend l'exemple de chevaux au pré, on y distingue différentes zones : l'abreuvoir, l'arbre sous lequel ils aiment s'abriter, le cercle de poussière dans lequel ils se roulent régulièrement et le bosquet de noisetiers dont ils grignotent les feuilles. Au cours de la journée,

le groupe de chevaux se déplace entre ces différentes zones suivant ses envies et ses besoins. Il emprunte pour cela presque toujours les mêmes chemins, qui forment des sortes de sentiers pelés : ce sont les pistes de déplacement.

Pour ces déplacements, les chevaux se placent généralement en file indienne, par ordre hiérarchique ou tout simplement par affinités. C'est souvent une jument dominante qui initie le départ vers un point donné, suivie des autres membres du troupeau. Les pistes sont tracées par les chevaux eux-mêmes, au cours de leurs déplacements.

Si l'on part d'un terrain assez accidenté avec une végétation haute, on comprend la logique de se déplacer ainsi en file indienne : le premier choisit la route et repousse les hautes herbes, le second les écrase ainsi que le troisième, et ainsi de suite jusqu'au dernier qui dispose d'une route toute tracée ! À force de passer toujours au même endroit, l'herbe finit par ne plus repousser, formant ces pistes.

étranger au groupe, d'un autre troupeau, ou d'un prédateur par exemple. Il s'agit alors de fuir rapidement, au trot ou au galop, en attendant de se retrouver à distance respectable du danger.

En cas de danger, c'est le troupeau tout entier qui s'enfuit.

■ Un sixième sens

L'excellent sens de l'orientation du cheval évoque souvent un sixième sens car il est difficilement explicable en se basant uniquement sur les cinq sens connus. Les anecdotes à ce sujet ne manquent d'ailleurs pas : un cheval qui retrouve son chemin alors qu'il n'avait fait le trajet qu'en camion auparavant, un autre qui, après un voyage ayant duré plusieurs heures se met soudain à hennir à quelques kilomètres de son écurie, un troisième qui rentre sans hésiter à la maison alors que son cavalier se croyait complètement perdu… autant d'événements qui ont le don d'intriguer jusqu'aux spécialistes.

Ce qui est sûr, c'est que si ce sens de l'orientation exceptionnel a ses avantages, il a aussi ses inconvénients. Il n'est pas exceptionnel de voir un cheval s'échapper régulièrement de son nouveau pré ou de sa nouvelle écurie, pour retrouver ses anciens quartiers et compagnons, parfois au péril de sa vie, car sa route peut croiser celle d'une voiture.

La plupart des déplacements s'effectuent généralement au pas.

Les quatre saisons du cheval sauvage

Dans la nature, et selon la région du globe où ils se trouvent, les chevaux sauvages doivent affronter des conditions extrêmes. Pluies diluviennes, vent, neige ou soleil de plomb, la météo affecte constamment leur existence et ils doivent y faire face sans aide extérieure. La nature a tout prévu pour protéger chevaux et poneys des intempéries. La plupart des équidés peuvent ainsi passer le plus clair de leur temps au pré sans précaution particulière. Il y a toutefois des situations qui nécessitent

Le printemps est la saison des naissances.

quelques efforts supplémentaires, comme un abri contre le vent, en particulier lorsque l'on a affaire à des chevaux peu rustiques et donc peu résistants.

Le printemps

Le printemps est pour le cheval sauvage la saison des amours et des naissances. La jument portant son poulain pendant onze mois, il n'y a en effet qu'un mois de décalage entre la naissance du poulain et la période des chaleurs (voir le chapitre sur la reproduction, page 52). C'est la période idéale pour donner le jour à un petit animal, qui a ainsi tout le reste de l'année pour grandir et forcir avant de devoir affronter les frimas. Les chevaux domestiques se reproduisent eux aussi généralement au début du prin-

L'herbe printannière
est la plus nourrissante.

temps, bien qu'il arrive que des poulains (souvent « accidentels ») voient le jour en plein hiver. Les périodes de chaleurs des juments sont l'occasion d'affrontements plus ou moins violents entre les étalons, et c'est souvent à cette époque que les jeunes mâles sont exclus du troupeau.

Par beaucoup d'aspects, le printemps est la saison du renouveau. La nature renaît et donne une végétation luxuriante et nourrissante. Affaiblis par les rigueurs de l'hiver, les chevaux sauvages profitent de ces nouvelles ressources et de températures plus clémentes pour se remettre en état et commencer à faire des réserves de graisse pour l'hiver suivant. Cette abondance d'eau et de végétation a en outre l'avantage de limiter le besoin pour le troupeau d'effectuer de grands déplacements. Les poulains nouveau-nés sont ainsi moins sollicités, même s'ils sont déjà agiles et rapides seulement quelques heures après la naissance.

L'été

Contrairement à ce que l'on pourrait croire, les chevaux résistent généralement mieux au froid qu'à une chaleur torride. Outre l'assaut des rayons du soleil, les attaques incessantes des insectes font que l'été n'est pas vraiment la saison préférée

Les chevaux passent les heures les plus chaudes à l'ombre.

des équidés sauvages ou domestiques. La journée est souvent passée à se chasser les mouches, tête-bêche, à l'ombre d'un bouquet d'arbres ou, au contraire, en plein soleil. Pourquoi ? Tout simplement parce que les insectes sont moins nombreux au beau milieu d'un grand espace qu'en bordure de pré ou à la lisière d'un bois.

Les grosses chaleurs ne sont pas propices aux efforts violents, et le groupe se déplace généralement « à la fraîche », tôt le matin ou tard le soir. Les chevaux domestiques apprécient de la même façon d'être laissés au box dans la journée pendant les grosses chaleurs : ils travailleront mieux aux heures les moins chaudes et passeront d'agréables nuits au pré, sans insectes. Dans une pâture, un bouquet d'arbres et une haie sont des protections naturelles indispensables mais un abri couvert sera apprécié : les insectes y sont souvent moins virulents.

Le roulage

Se rouler est une des activités favorites des chevaux sauvages et domestiques, mais c'est en liberté que les chevaux se roulent le plus souvent.

Le roulage a beaucoup d'utilités différentes :

– Après un effort ou lorsqu'il fait très chaud, un cheval qui a transpiré se roule pour se gratter et se sécher.

– L'été, une bonne roulade soulage momentanément le cheval des insectes et lui permet de gratter leurs piqûres.

– En période de mue, c'est une façon d'éliminer le poil mort, mais aussi les petites croûtes et les peaux mortes inaccessibles autrement.

– Une bonne couche de boue protège efficacement des parasites externes et du froid.

Chaque aire de vie est « divisée » par le groupe en différentes zones : de pâturage, de refus (crottins) et de roulage. Ces dernières sont souvent dépourvues de végétation. Chevaux et poneys apprécient particulièrement de se rouler dans la poussière et dans la boue. Attention ! au box, se rouler est beaucoup plus risqué. L'espace réduit cause parfois des situations délicates, le cheval restant coincé contre un mur, incapable de se relever.

En général, un cheval qui se roule est en bonne santé. Il commence par gratter le sol d'un antérieur, s'affaisse tout d'un coup, se roule d'un côté puis de l'autre, avant de se relever et de se secouer vigoureusement. Toutefois, de même qu'un cheval qui dort beaucoup est peut-être malade, un cheval qui se roule constamment est à surveiller de près ! S'il regarde ses flancs d'un air inquiet avant de frapper le sol d'un antérieur puis de l'autre ; s'il semble agité, s'il est en sueur ; s'il se roule sans cesse et ne s'ébroue pas quand il se relève : il a probablement une colique. Il faut alors faire venir un vétérinaire en urgence car l'animal risque de mourir.

Le roulage a de multiples rôles pour le cheval.

L'herbe et l'eau se font parfois rares en été et les chevaux sauvages sont souvent contraints de faire des déplacements plus fréquents et plus longs qu'au printemps. Les poulains de l'année ont déjà pris des forces et sont tout à fait à même de suivre le troupeau.

Au pré, une herbe trop rase sera complétée par un apport de foin. Une rotation des pâtures permet de répliquer le système naturel, les zones « épuisées » étant laissées en repos pendant que des zones bien fournies en végétation sont exploitées.

L'automne

C'est une période de transition avant l'hiver. Les chevaux commencent à se préparer pour affronter les grands froids : leur poil se fait plus épais, ainsi que la couche de graisse située sous la peau. Si l'humidité est plus à craindre pour les chevaux qu'un froid sec, les races rustiques la supportent généralement très bien. Il n'est pas rare de voir des chevaux au pré continuer de brouter tranquillement sous une pluie battante, alors qu'ils disposent d'un abri couvert. En effet, l'implantation de leur poil est faite de telle manière que celui-ci dirige l'eau vers l'extérieur et vers le bas, en la faisant ruisseler sans qu'elle atteigne la peau. De plus, la protection naturelle de la peau, le sébum, rend le poil pratiquement imperméable. C'est aussi pour cela qu'il est déconseillé de laver trop souvent son cheval – surtout l'hiver – les shampooings trop fréquents ayant tendance à débarrasser le poil de ses huiles naturelles. Pour la même raison, il vaut mieux éviter d'étriller un cheval resté au pré.

C'est à l'automne que les chevaux se préparent progressivement à affronter les rigueurs de l'hiver.

L'humidité provoque une repousse de l'herbe qui, si elle est moins nourrissante qu'au printemps, permet tout de même au cheval d'améliorer son état, afin d'affronter l'hiver en parfaite condition physique.

L'hiver

L'hiver est une saison très dure pour les animaux sauvages. La végétation se fait de plus en plus rare (les feuilles tombent, l'herbe est rase et parfois gelée ou couverte de neige) et le froid demande une dépense importante d'énergie aux espèces à sang chaud. Celles-ci doivent en effet utiliser les calories tirées de leur alimentation pour conserver leur température corporelle. C'est pourquoi les chevaux et beaucoup d'autres animaux sauvages sortent souvent de cette saison très amaigris.

Les chevaux se couvrent l'hiver d'une épaisse toison protectrice.

Pour se protéger du froid et limiter les pertes d'énergie, les chevaux se couvrent l'hiver d'une épaisse toison. Le poil d'hiver protège très bien du froid sec, et les poneys en particulier résistent à des températures très basses. La tête elle-même se couvre de longs poils, même autour des naseaux où la peau reste nue l'été. Certains poneys sauvages et chevaux de trait (comme les shires) arborent même par temps froid une véritable moustache sur la lèvre supérieure. Celle-ci leur permet en outre de brouter sans se piquer aux végétaux comme le houx et le genêt, très nourrissants et toujours verts, même lorsque le reste de la végétation est en sommeil ou recouverte de neige. Quant aux races primitive, la taille de leur tête permet à l'air inhalé de se réchauffer, en effectuant un plus long trajet avant d'atteindre les poumons. Pour combattre les effets du vent glacé, chevaux et poneys se placent dos au vent, afin de ne lui présenter qu'une petite partie de leur corps.

Si les races rustiques résistent généralement à tout, ce n'est pas le cas de toutes les races domestiques et certains chevaux de selle ont la peau très sensible et un poil

Les races rustiques résistent généralement très bien aux grands froids.

Certains chevaux de selle ne peuvent rester dehors toute l'année.

d'hiver insuffisant pour supporter les grands froids. Mieux vaut alors les sortir le jour et les rentrer la nuit pendant l'hiver. Une couverture de prairie peut également être nécessaire dans ce cas, ou pour des chevaux âgés ou malades.

Les chevaux domestiques qui travaillent régulièrement pendant l'hiver sont souvent tondus. En effet, leur épais poil d'hiver leur tient chaud et les fait transpirer. Après le travail, s'ils restent mouillés (plus le poil est épais, plus il est long à sécher), ils risquent d'attraper froid.

Une résistance à toute épreuve

S i les chevaux domestiques vivent dans un environnement contrôlé par l'homme, il n'en est pas de même pour leurs cousins sauvages. Ceux-ci doivent compter sur leurs propres ressources pour survivre dans un environnement parfois hostile. Ils font preuve d'une résistance impressionnante, réussissant à s'adapter à des conditions extrêmes (températures très basses, végétation quasi inexistante, points d'eau inaccessibles…). D'instinct, des chevaux domestiques revenus à l'état sauvage sont capables d'assurer seuls leur survie. Ils apprennent à gratter la neige pour faire apparaître de l'herbe, mangent des racines, de la terre ou de vieux

crottins pour survivre lorsque les végétaux manquent, trouvent des trous d'eau dans le désert, bref, ils doivent parfois leur survie à une capacité d'adaptation extraordinaire. Avec le temps, les équidés vont même jusqu'à évoluer pour mieux correspondre à leur environnement : c'est le cas par exemple des poneys shetland, devenus petits et trapus afin de mieux résister au climat inhospitalier et de se contenter du peu de végétation disponible sur leurs îles natales.

Dans l'intimité du cheval

La plus belle conquête de l'homme est sans doute cet animal complexe qu'est le cheval.
Sa vie privée au sein du troupeau est fascinante à observer et à étudier.
De son comportement naturel découlent ses réactions en captivité.
Il est donc important de comprendre ses motivations lorsqu'on souhaite passer du temps en sa compagnie.

Les sens et la communication

À l'état sauvage, le cheval est à la merci de nombreux prédateurs, sans parler des dangers que recèle la nature : marais, ravins, plantes toxiques... Il doit donc se fier à ses cinq sens pour garder la vie sauve. Ces sens, s'ils sont les mêmes que les nôtres, sont dans l'ensemble beaucoup plus développés chez l'animal. C'est pourquoi on peut parfois être surpris de voir réagir violemment son cheval à un signal presque imperceptible : c'est à sa sensibilité qu'il doit sa survie.

C'est à ses sens aiguisés que le cheval sauvage doit sa survie.

La communication visuelle

■ Un large champ visuel

Le cheval voit presque tout autour de lui, seules les zones situées juste sous son nez et juste derrière lui lui sont invisibles. C'est pourquoi il est recommandé de ne jamais s'approcher d'un cheval par-derrière. Ses yeux, situés à l'extérieur de la partie supérieure de sa tête, lui permettent de voir lorsqu'il a le nez plongé dans les hautes herbes. Sa vision n'est cependant pas excellente... Pour ce qui est des couleurs, les avis divergent. En fait, le cheval perçoit les couleurs mais avec moins d'acuité que l'œil humain. Ainsi il distingue relativement mal les couleurs pastel.

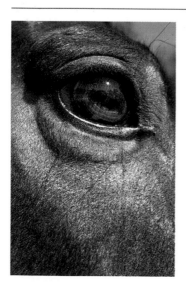

La forme particulière de la pupille du cheval lui permet une large vision périphérique.

Son large champ de vision lui permet de surveiller tout ce qui se passe autour de lui et de repérer très vite un éventuel prédateur. À l'état domestique, la vue lui sert aussi, bien sûr, à évaluer les distances, notamment à l'obstacle, mais aussi à reconnaître les personnes et animaux qu'il aime… ou n'aime pas !

La vue est un des sens les plus utilisés par le cheval.

■ Savoir observer

Contrairement à ce qu'on pourrait penser, le cheval est un animal très expressif. Ses yeux, sa bouche, ses naseaux et son attitude corporelle en disent long sur son état d'esprit. La communication visuelle, basée sur l'interprétation du langage corporel, est probablement celle qui est le plus souvent utilisée par le cheval. Le premier signe qu'apprennent à observer cavaliers et soigneurs débutants est la position des oreilles (voir encadré page 46). Le reste du corps fournit cependant des indications utiles sur l'humeur de l'animal.

Quand on aborde un cheval, au pré ou à l'écurie, mieux vaut savoir prévoir ses réactions. Il n'est pas rare de rencontrer des chevaux un peu brutaux ou « mal lunés » et un coup de dents ou un coup de pied sont vite partis. Si le cheval accueille son cavalier de face, avec les oreilles droites, pas de problème : il est plutôt content de le voir. Par contre, s'il couche les oreilles en le voyant, méfiance, surtout s'il fait mine de tourner la croupe vers l'arrivant et soulève un de ses postérieurs ! De même, pendant le pansage, on voit vite ce qui plaît au cheval et ce qu'il aime moins ! Mieux vaut en tenir compte : le pansage est un moment privilégié que le cheval devrait apprécier. S'il couche les oreilles quand on l'étrille ou quand on lui brosse la tête, c'est probablement parce qu'il est un peu délicat et n'aime pas ce contact trop dur sur sa peau fine. Il faut alors essayer de lui passer une brosse douce sur les zones sensibles. Enfin, quand on pose la selle sur son dos et quand on la sangle, attention à faire preuve de douceur et à garder un œil sur les oreilles du cheval, certains ayant la fâcheuse habitude de mordre dans ces moments-là.

Le langage des oreilles

Il est assez facile d'apprendre à interpréter les différentes expressions des chevaux qu'on croise afin de réagir en conséquence. La position des oreilles est notamment un excellent indicateur de l'humeur d'un cheval :
— oreilles pointées vers l'avant : attention soutenue ;
— oreilles relâchées, tournées légèrement vers l'extérieur : calme, repos ;
— oreilles très mobiles : inquiétude ;
— oreilles tournées vers l'arrière (cheval monté ou attelé) : attention dirigée vers le cavalier ou le meneur ;
— oreilles couchées en arrière : douleur, inconfort ;
— oreilles plaquées contre l'encolure : menace, agressivité ;
— oreilles tout à fait relâchées sur le côté de la tête : sommeil ;
Voici quelques exemples illustrés :
1—Tête redressée, oreilles pointées, ce poney est attentif. Il a probablement senti ou entendu quelque chose et cherche à en détecter la provenance. Ses oreilles sont bien droites, sa tête tournée dans la direction de ce qu'il a perçu. Il n'est pas vraiment inquiet, mais il reste aux aguets.
2—Celui-ci n'est pas très à l'aise, il y a peut-être beaucoup d'agitation autour de lui, à moins qu'il ne se trouve dans un endroit qui ne lui est pas familier. Il surveille ce qui se passe tout autour de lui, prêt à réagir si nécessaire. Ses oreilles sont très mobiles et « scannent », tels deux radars, les bruits alentours.
3—Détendu, ce cheval se repose tranquillement, sans aucune trace d'inquiétude. C'est l'attitude typique du cheval confiant, qui se trouve dans un environnement familier et sécurisant. Ses oreilles sont « au repos » : elles ne sont ni pointées ni couchées, mais restent immobiles, légèrement sur le côté. Si rien d'intéressant ne se passe, il est probable qu'il sombre progressivement dans le sommeil.

4—Celui-ci n'est pas content. Il n'est pas furieux non plus, ou du moins pas encore, mais quelque chose ne lui plaît pas ! Peut-être s'ennuie-t-il tout simplement, à moins qu'une présence proche ne lui déplaise. Ses oreilles sont couchées (sans être plaquées contre l'encolure, signe de colère) et son expression est maussade. Il ne faudrait pas grand-chose pour qu'il perde patience et éconduise celui ou celle qui l'ennuie !

À cheval, il est souvent utile de savoir déchiffrer rapidement l'humeur de sa monture. Les oreilles sont un élément très visible et indicateur de l'état d'esprit du cheval. S'il pointe les oreilles à l'abord d'une difficulté, c'est qu'il s'y intéresse peut-être un peu trop : attention au refus ! S'il pile et étend l'encolure en pointant les oreilles ou en les tournant en tout sens, c'est signe qu'il s'inquiète et cherche à se rassurer sur la nature de « l'objet ».

S'il couche fréquemment les oreilles lorsqu'on lui demande un exercice précis, ce peut être le signe d'une douleur, en particulier s'il « ronfle » en même temps et cherche à se soustraire aux ordres.

1 – Attention. **2 – Méfiance.**

3 – Repos. **4 – Mécontentement.**

La communication sonore

La communication est un élément très important de la vie de toute communauté humaine ou animale. Chez le cheval, les différents types de hennissement correspondent à la communication sonore. Le répertoire vocal du cheval est plus riche qu'il n'y paraît. En tendant l'oreille, on peut distinguer une bonne dizaine de sons différents, ayant chacun leur signification. Du soupir amical de la jument à son poulain au rugissement féroce de l'étalon face à son rival, en passant par les couinements de la jument en chaleur, cette communication sonore est un des éléments clés de l'organisation sociale du troupeau. Combinée aux signaux visuels, tactiles et olfactifs, elle permet une parfaite compréhension entre les individus de l'espèce équine.

Les chevaux ont une ouïe très développée qui leur permet de communiquer à distance.

Le vrai hennissement est un appel audible de très loin. Il est émis bouche ouverte. Le cheval laisse échapper un son modulé et d'assez longue durée grâce aux vibrations de ses cordes vocales. Les divers ronflements, eux, sont émis bouche fermée, avec ou sans vibration des cordes vocales. Dans ce cas, l'air s'échappe par les naseaux et c'est de là que provient le son.

Le hennissement proprement dit est un appel de détresse, émis par un cheval isolé en attente d'une réponse d'un congénère. C'est l'appel de la jument à son poulain ou d'un cheval séparé de son compagnon de box, par exemple. Les couinements et rugissements expriment quant à eux le mécontentement ou la menace. Les ronflements discrets sont des appels de proximité, ils expriment la satisfaction et l'excitation en présence (ou à l'arrivée) d'un « ami » (autre cheval ou soigneur qui apporte la ration de granulés). Enfin, renâclements et ébrouements dénotent l'inquiétude ou l'impatience.

Si le cheval accueille l'arrivée de son cavalier d'un doux ronflement des naseaux, c'est qu'il apprécie sa compagnie. Ce son doux et modulé sert également à la jument pour attirer son poulain s'il n'est qu'à faible distance, mais aussi à montrer de la satisfaction à l'arrivée d'un compagnon.

Au travail, l'ouïe du cheval est également sollicitée par les aides sonores (voix, claquements de langue…). Le cheval peut reconnaître beaucoup de mots et d'intonations différentes, mais aussi des sons usuels divers (granulés dans un seau, voix de son soigneur, etc.), grâce à son ouïe très fine.

Le goût, l'odorat et le toucher

L'odorat du cheval lui sert notamment à reconnaître ses congénères, à déceler l'arrivée d'un prédateur caché dans les hautes herbes, ou à savoir si une jument est en chaleur. Deux chevaux qui se rencontrent se reniflent mutuellement les naseaux pour s'identifier l'un l'autre. Les zones de roulage jouent elles aussi un rôle dans la communication olfactive : les animaux d'un même groupe se roulent au même endroit et acquièrent ainsi une odeur commune. Quant aux déjections (voir encadré ci-contre), elles permettent aux entiers de montrer qu'une jument leur « appartient » en recouvrant ses crottins.

C'est aussi l'odorat qui permet à l'étalon de déceler les chaleurs de la jument (parfois à une distance de plusieurs kilomètres). Très développé, ce sens joue également un rôle majeur dans la survie des chevaux sauvages, en leur permettant de détecter de très loin l'arrivée d'un prédateur.

Quant au goût, c'est lui qui détermine en premier lieu le choix d'un aliment par rapport à un autre.

Les lèvres du cheval lui servent à étudier ce qui l'entoure.

■ Le toucher

Le cheval est d'un naturel curieux. Pour explorer son environnement, il se sert beaucoup du toucher, grâce, notamment, aux vibrisses qu'il a sur la face. N'ayant pas de mains, c'est sa lèvre supérieure qu'il utilise pour ses investigations. Il étend l'encolure, approche la tête de ce qui l'intrigue, puis allonge sa lèvre et s'en sert pour « étudier » l'objet nouveau. Il décidera ensuite de prolonger la rencontre par un coup de dents s'il

pense qu'il est en face de quelque chose de comestible : c'est alors le goût qui prendra le relais.

Sa peau fine est très sensible aux piqûres d'insectes et aux parasites. Elle est heureusement bien pourvue en muscles peauciers, qui la rendent mobile et permettent au cheval de faire fuir une partie des indésirables.

Enfin, tout cavalier communique avec son cheval grâce aux sens de celui-ci. Les aides principales sont en effet axées sur le sens du toucher : pression du mollet, rêne d'appui, poids du corps...

C'est grâce au toucher que le cavalier transmet la plupart de ses demandes à sa monture.

Le marquage

Dans la nature ou à l'état domestique, les chevaux utilisent leurs excréments pour faire passer toutes sortes de messages. Du marquage de l'étalon au poulain qui consomme les déjections de sa mère, les comportements liés au crottin sont nombreux et parfois difficiles à interpréter.

Les crottins servent notamment à l'étalon à « marquer son territoire ». Les équidés ne disposent pas, contrairement aux canidés (les chiens et les loups) d'un territoire à proprement parler. Cependant, ils appartiennent à un groupe composé de jeunes, de juments et d'un étalon qui « possède » le reste du troupeau. En recouvrant les crottins de ses juments avec les siens, il mêle son odeur aux leurs et signifie aux intrus qu'ils se trouvent sur une chasse gardée. Lors des rencontres entre mâles, le plus fort défèque

souvent sur un tas existant pour marquer sa dominance. On trouve ainsi dans la nature de véritables piles de crottins.

En reniflant les crottins laissés par un autre individu, un cheval peut savoir s'il s'agit d'un de ses amis, d'un étalon rival, d'une jument en chaleur ou non... Selon les informations obtenues, il aura un comportement différent : ignorer ou recouvrir le crottin du sien, par exemple.

■ Le flehmen

Les odeurs (et les goûts) sont en réalité constituées de multitudes de petites molécules. Celles-ci transportent un message chimique qui est perçu par les organes des sens. L'un de ces organes, appelé organe de Jacobsen ou organe voméro-nasal permet au cheval de mieux « traduire » ces messages chimiques, en particulier ceux provenant d'autres individus. En relevant ainsi la tête et en retroussant sa lèvre supérieure, en même temps qu'il retient l'air inspiré, l'animal facilite la progression des molécules odoriférantes vers cet organe, et donc leur analyse – c'est le flehmen.

Cette drôle de mimique permet au cheval de mieux analyser une odeur étrange ou agréable.

Les molécules d'odeurs émises par les animaux transportent beaucoup d'informations sur l'âge, le sexe et l'état de l'individu. Ce sont les fameuses phéromones, qui sont perçues et analysées par les autres animaux d'une même espèce, voire d'autres espèces. Il y a donc une véritable communication olfactive. C'est l'étalon qui utilise le plus fréquemment le flehmen, qu'il effectue en présence d'une jument en chaleur ou après avoir reniflé son urine.

Le cheval n'est pas le seul à posséder et à utiliser l'organe voméro-nasal. La plupart des autres animaux (notamment bovins et caprins) ont une mimique très similaire à celle des équidés. Le chien et le chat se servent eux aussi de cet organe mais leur façon d'y faire circuler les odeurs est différente. Le chat se contente de garder sa gueule entrouverte en retenant sa respiration. Pour le chien, c'est en général un claquement régulier des mâchoires. Quant à l'homme, c'est un « sous-doué » ! Non seulement son odorat est très peu développé, mais en plus il ne sait pas se servir de son organe voméro-nasal… à de très rares expressions près, paraît-il.

Les émotions et la douleur

Les chevaux sont des animaux émotifs. Leur comportement peut se modifier sous le coup de la peur ou de la tristesse.

Contrairement à ce que pensent certains humains, les chevaux réagissent non seulement à la douleur, mais éprouvent de nombreuses émotions. Celles qu'ils partagent avec nous sont variées et peuvent être de nature positive ou négative : peur, gaieté, détresse, colère, dégoût…

Les émotions sont extrêmement transmissibles d'un cheval à un autre (d'où les débandades générales lorsqu'un cheval du groupe prend peur), en particulier entre deux animaux proches (jument et poulain par exemple). Le cheval est également tout à fait capable de ressentir les émotions des humains qu'il côtoie. C'est ainsi que la peur, par exemple, est très difficile à cacher à l'animal, qui y réagit selon son tempérament et la situation : soit il prend peur lui-même, soit il prend le dessus et se montre agressif.

L'inquiétude est facilement perçue par le cheval et elle est extrêmement communicative.

Sait-il qu'il est cheval ?

Un cheval élevé à l'écart de ses semblables et au sein d'un groupe d'animaux d'une autre espèce depuis sa naissance aura tendance à s'assimiler à son espèce d'« adoption ». Il gardera ses réactions instinctives mais n'aura pas bénéficié du même apprentissage qu'un poulain élevé en troupeau auprès de sa mère. De plus, c'est dans les premières heures de sa vie que le petit apprend à reconnaître sa mère. Si celle-ci est remplacée par une mère de substitution, c'est à cette dernière qu'il s'attachera. Ceci est particulièrement remarquable dans le cas de poulains orphelins isolés à la naissance et élevés au biberon. Privés de l'éducation donnée par leurs semblables, ils se comportent comme s'ils se croyaient humains et sont souvent assez difficiles. Ils peuvent même, à l'âge adulte, être plus attirés sexuellement par les humains que par des équidés du sexe opposé !

Les relations amoureuses

Le cycle de la jument et ses avances au mâle

■ « La nature fait bien les choses »

Contrairement au mâle, qui est fertile de façon constante dès sa maturité, la jument n'est féconde que pendant ses périodes de chaleurs. Les premières chaleurs apparaissent généralement aux alentours de 18 mois, mais la nature est bien faite, et la plupart des étalons sauvages ne s'intéressent pas à une jument aussi jeune. L'espace entre les chaleurs est de 21 jours et chaque période de chaleurs dure de 7 à 8 jours.

La gestation dure 11 mois, ce qui fait qu'un poulain conçu au mois d'avril naîtra au mois de mars de l'année suivante. C'est pour cela qu'en général, la période de chaleurs s'étend du printemps à l'automne, un poulain ayant plus de chances de survivre s'il voit le jour à la belle saison. Pourtant, certaines juments continuent à avoir leurs chaleurs pendant l'hiver, ce qui donne parfois lieu à des naissances inattendues.

La jument est à nouveau en chaleur très brièvement, 7 à 10 jours après la naissance, puis le cycle normal reprend et elle peut à nouveau être saillie et concevoir un poulain qui naîtra l'année suivante.

Le printemps est la saison de la reproduction et des naissances.

Bien que vivant en troupeaux, les chevaux sauvages ne restent pas souvent en groupes réellement familiaux. Les jeunes mâles partent fonder leurs propres harems ou tentent d'en conquérir un. Les jeunes femelles quittent elles aussi souvent le troupeau pour rejoindre un autre étalon. Il y a donc très peu de relations père-fille, mère-fils ou frère-sœur, ce qui évite une trop forte consanguinité et assure le brassage des gènes et donc le renouvellement de l'espèce.

■ Les avances de la jument

Si l'étalon fait une cour active à ses fiancées, celles-ci ne sont pas passives pour autant. Quand elle est en chaleur, la jument fait son possible pour attirer les mâles. Elle annonce ouvertement son état en urinant fréquemment, après quoi elle dégage sa queue sur le côté et « cligne » de la vulve. C'est un appel irrésistible pour l'étalon qui vient immédiatement inspecter l'état de la jument en la reniflant. Par contre, lorsqu'elle n'est pas prête, elle n'hésite pas à éconduire sans ménagement son prétendant. Celui-ci n'insiste généralement pas et attend patiemment le bon moment pour lui faire à nouveau des avances.

Il arrive cependant que l'étalon décide d'ignorer les tentatives de séduction les plus poussées. C'est en général le cas si la jument est trop jeune ou tout simplement si elle ne lui plaît pas. Ce n'est pas, en effet, parce qu'une jument est en chaleur que le mâle va nécessairement la saillir. Même si elle se montre très persuasive, il arrive que celui-ci la rejette. Les étalons ont parfois des exigences particulières : certains ne supportent pas les juments d'une certaine robe, ou au contraire n'acceptent que celles qui sont d'une couleur donnée. D'autres peuvent refuser de saillir des juments d'un type (ou d'une race dans un élevage) différent du leur. La plupart du temps, un étalon sauvage ne s'intéressera pas à ses filles, ni à des juments trop jeunes ou trop âgées. Rien n'y fait, aussi aguicheuse qu'elle puisse être, si la jument ne lui plaît pas, l'étalon s'en détourne… quand il ne la chasse pas carrément du troupeau avec perte et fracas !

■ La saillie chez la jument domestique

Si le cheval domestique ne vit pas aussi près de l'homme que le chien, il a toutefois une existence bien différente de celle des troupeaux sauvages. Séparé de ses congénères, enfermé dans un box à longueur de journée, forcé de manger et de se reposer à heure fixe (souvent à l'inverse de celles qu'il choisirait dans la nature), bref, obligé de se conformer aux désirs de l'homme, il lui est parfois difficile de réagir naturellement. C'est ainsi que certaines

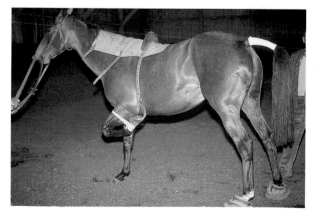

Barbares, les saillies en main sont pourtant souvent préférées par les éleveurs.

juments peuvent avoir une peur panique de l'étalon quand on souhaite les faire saillir. Une jument qui refuse l'accouplement le fait en général parce que ce n'est pas le bon moment, mais dans certains cas, il peut s'agir d'une véritable phobie. Peu habituée au contact avec ses congénères, une jument très sédentarisée peut en effet ne pas comprendre ce que lui veut cet animal imposant et souvent très agité qu'est l'étalon d'élevage. Malheureusement, dans la plupart des cas, elle sera alors entravée et maintenue pour la saillie qui, loin d'être consentie, se rapproche plus d'un viol que d'un acte naturel. La peur de la jument risque d'empirer et sa réaction sera généralement encore plus violente la fois suivante.

L'étalon fait sa cour

La cour de l'étalon est longue et pleine de tendresse.

Pour tous les animaux, la survie de l'espèce est la priorité numéro un. La reproduction est une façon d'assurer cette survie à long terme en produisant régulièrement de nouveaux individus. Pourtant, cette fonction de base n'est pas aussi simple qu'il y paraît : chez le cheval comme dans beaucoup d'autres espèces, elle est régie par de nombreuses règles.

■ Le rôle de l'odorat

C'est surtout grâce à son odorat que l'étalon reconnaît les chaleurs d'une jument. Celle-ci n'étant pas prête à être fécondée pendant toute sa période de chaleurs, c'est elle qui, par son attitude, va indiquer à l'étalon le moment idéal pour la saillie. Comme nous l'avons vu au chapitre précédent, une mimique appelée flehmen sert au cheval à analyser les goûts et, surtout, les odeurs. C'est l'étalon qui en fait le plus souvent usage, en particulier pendant la saison des amours. Son odorat très développé lui permet ainsi de déterminer le moment de l'ovulation, seule période ou la jument en chaleur est réceptive et peut être fécondée. Il renifle d'abord les naseaux, puis les flancs et enfin l'urine de chacune des juments de son troupeau, et sait ainsi laquelle est prête à accepter la saillie.

■ Un véritable don Juan

Avant de saillir une jument, l'étalon se doit de lui faire une cour en bonne et due forme : il ne s'agit pas de lui sauter dessus sans préambule ! Quelques jours avant l'œstrus, il se rapproche de sa promise et passe plus de temps à ses côtés qu'auprès des autres juments du troupeau. L'étalon est loin d'être un mufle ! Séducteur, il déploie tout son éventail de tactiques

Les étalons sont souvent de véritables séducteurs.

Les chevaux domestiques conservent la plupart de leurs instincts naturels.

pour faire craquer sa belle. Mordillements, grattouilles, léchage, tout y passe. Et si la jument est sa favorite, on peut presque parler d'une véritable tendresse entre les deux amoureux ! Les séances de grattage et de toilettage mutuel se font plus fréquentes, l'étalon léchant et mordillant fréquemment l'encolure et les flancs de sa bien-aimée. Celle-ci répond plus favorablement à ses avances à mesure qu'elle se rapproche du moment de l'ovulation.

Une fois domestiqué, l'animal conserve un certain nombre d'instincts liés à la reproduction. Selon l'espèce, son degré de domestication et son mode de vie, ces instincts sont plus ou moins forts et influent de façon plus ou moins importante sur ses relations avec l'homme. Le cheval garde habituellement une approche très naturelle des relations amoureuses, ce qui n'est pas sans poser quelques problèmes… Ce sont d'ailleurs ces inconvénients qui ont amené l'homme à castrer la plupart des chevaux mâles destinés au travail.

La saillie

■ Chez les chevaux sauvages

Les chevaux vivent en groupe et partagent tout. Seule la naissance des poulains se passe un peu à l'écart du troupeau. Pour ce qui est des ébats amoureux, ils ont lieu au beau milieu du groupe, devant tout le monde : chez les équidés, on ne s'embarrasse pas pour si peu ! Il faut noter que la gestation durant onze mois chez la jument, la saison des amours correspond à celle des naissances. La jument est donc souvent suitée au moment de la saillie. Le poulain de l'année est alors simplement repoussé devant sa mère pour ne pas risquer de blessure.

Les premières tentatives d'accouplement sont souvent vaines, la jument repoussant un étalon trop entreprenant à grand renfort de coups de pieds. Une fois le jour J atteint, cependant, la jument se laisse faire sans protester.

■ Chez les chevaux domestiques

Chez les chevaux domestiques, c'est l'homme qui décide si une saillie aura lieu ou non. Lorsque la jument est en chaleur et qu'on souhaite la faire reproduire, généralement au début du printemps, on l'amène à l'étalon choisi pour la saillie. Il est souvent possible de la laisser en pension sur place quelque temps.

Pour ce qui est des saillies proprement dites, il existe deux solutions, selon les préférences du propriétaire de l'étalon. Pour les races rustiques (poneys, chevaux de loisirs ou de trait), la solution la plus courante est la saillie en liberté, l'étalon et la jument étant lâchés ensemble au pré et laissés libres de faire connaissance. Pour les chevaux de sport et de sang, on procède souvent à des saillies en main, assistées par deux personnes. L'une tient la jument au licol, celle-ci pouvant être entravée pour éviter qu'elle botte l'étalon, l'autre amène ce dernier en main.

La saillie en liberté est bien sûr la méthode la plus naturelle. Les deux animaux ont tout le temps de faire connaissance et de se faire la cour avant de procéder à une saillie sans contraintes. Par contre, l'étalon peut parfois prendre un coup de pied ou mordre la jument. Cette solution n'est donc pas sans risque de blessures pour l'un et l'autre des partenaires. Dans le cas d'une saillie en main, en particulier lorsque la jument est entravée (on protège aussi parfois son encolure contre les coups de dents du mâle), les risques de blessure sont minimes. Le manque de préliminaires peut toutefois paniquer une jument sensible ou peu expérimentée, qui sera de plus en plus difficile à tenir les fois suivantes. De plus, la monte en liberté permet une plus grande certitude de fécondation, l'étalon reconnaissant à coup sûr le « bon moment ».

Si les élevages de poneys (comme ces welshes) pratiquent surtout les saillies en liberté, les chevaux de selle ont souvent droit à des saillies « assistées ».

La gestation

Chez les mammifères, la mise bas intervient lorsque le petit est suffisamment évolué pour survivre dans le milieu extérieur. La gestation, période pendant laquelle le poulain se développe à l'intérieur de la jument, dure environ onze mois : ce n'est que près d'un an après sa conception que le poulain voit enfin le jour. Les poulains conçus au printemps naissent donc également à cette saison, ce qui leur donne le maximum de temps pour grandir et prendre des forces avant de devoir affronter leur premier hiver.

Dans la nature, les juments pleines continuent à suivre le rythme du troupeau jusqu'à la naissance de leur poulain. Ce rythme est cependant plus lent que celui imposé à beaucoup de chevaux domestiques. Lorsqu'on possède une jument pleine, il faut donc savoir s'en occuper convenablement afin qu'elle ne manque de rien. Elle peut continuer à travailler pendant la première moitié de sa grossesse, puis il vaut mieux diminuer progressivement le travail pour l'arrêter complètement au sixième mois de gestation. La jument pourra à nouveau travailler dès que son poulain sera en mesure de la suivre, on dit alors qu'elle est suitée.

Chez la jument, la gestation dure onze mois.

Côté alimentation, la jument sauvage sait profiter au maximum des ressources qui l'entourent. Elle prend du poids au printemps et à l'automne, lors de la pousse de l'herbe, pour vivre en grande partie sur ses réserves pendant l'hiver. Elle a tout juste le temps de se remettre en état au début du printemps, avant la naissance de son poulain. Pour les juments domestiques, on augmente progressivement la ration dès les premiers mois de gestation, sans pour autant surcharger la future maman. Un complément en vitamines et minéraux est bénéfique, ainsi que le passage à un aliment spécifiquement destiné aux juments gravides et en lactation. Tout ceci évite que la poulinière se retrouve en piteux état avant de donner le jour à son petit.

Les besoins de la jument pleine augmentent surtout pendant les derniers mois de gestation.

La mise bas

1 – La jument choisit généralement un coin isolé pour mettre bas.

2 – Le sac qui entoure le poulain se déchire à la naissance.

3 – Sa mère le lèche pour le sécher et le stimuler.

Quand elle sent que son poulain est prêt à naître, la jument recherche un endroit isolé pour mettre bas tranquillement. Elle choisit souvent de faire son petit la nuit, aux heures les plus calmes.

■ Les signes annonciateurs

Certains signes permettent de savoir si la mise bas est proche. Les mamelles augmentent progressivement de volume, puis, quelques jours avant la mise bas, leur extrémité se recouvre d'une substance cireuse, qui n'est autre qu'un bouchon de colostrum (le premier lait). Quelques heures seulement avant le poulinage, le bouchon cireux tombe et laisse couler un peu de lait. La vulve se relâche et les muscles de l'arrière-main se détendent, donnant l'impression que la croupe s'affaisse. À l'approche de la mise bas, la jument semble agitée, transpire et cherche à s'isoler. La plupart du temps, elle se couche pour donner naissance à son petit. Certaines juments restent debout pour la mise bas, se contentant d'écarter légèrement les postérieurs pour dégager le passage.

■ Le travail et la naissance

Le travail qui précède la naissance peut durer de une à quatre heures environ. Une fois que la jument commence à avoir de fortes contractions, destinées à repousser le poulain vers l'extérieur, tout se passe assez vite. Les premières contractions provoquent la rupture de la poche des eaux, puis le poulain apparaît dans l'heure qui suit. À partir du moment où l'on aperçoit les sabots (généralement antérieurs) du poulain, on peut s'attendre à sa sortie dans les minutes qui suivent. Celui-ci naît entouré d'un sac, qui se déchire à la naissance. De même, le cordon ombilical qui le relie à sa mère est coupé ou arraché. La jument peut enfin prendre soin de son petit en le léchant pour le sécher.

Le placenta est expulsé dans un délai d'environ deux heures. C'est également le temps qu'il faut pour que le pou-

4 – C'est avec l'aide de sa mère que le poulain se met sur ses jambes.

Le poulain se lève moins de deux heures après sa naissance.

lain se lève, urine et se mette à téter. Ce premier lait, le colostrum, est très important pour lui : il contient en effet les anticorps maternels, qui l'aideront à lutter contre les maladies pendant ses premiers mois de vie.

Chez les juments domestiques, les mises bas naturelles au pré, sans surveillance particulière, sont assez rares. L'éleveur préfère souvent garder la jument dans un grand box lorsqu'il sait que la naissance du poulain est proche. Il surveille l'évolution des choses et se tient prêt à assister la jument si besoin est, ou à appeler le vétérinaire en cas de problème. Faute d'une surveillance de tous les instants à l'approche du terme, il ne faut pas espérer être présent pour assister à la mise bas. En effet, les juments choisissent généralement un moment et un endroit tranquille et

isolé pour donner naissance à leurs petits. Il est de toute façon préférable de se tenir à l'écart et de n'intervenir qu'en cas de problème, afin de permettre à la jument de mettre bas calmement et sans stress.

Pour assister à une naissance, l'éleveur doit effectuer une surveillance sans relâche.

L'instinct maternel

Il existe chez les juments, comme chez la plupart des femelles du règne animal, un fort instinct maternel. Sans apprentissage, la mère sait naturellement s'occuper de son poulain et le protéger des dangers qui le menacent. Il lui arrive même parfois d'étendre cette protection à un petit orphelin ou de risquer sa vie pour sauver celle de son petit.

À mesure que le terme approche, la jument pleine change peu à peu de comportement. Quelque temps avant la mise bas, elle s'isole des autres chevaux puis se couche dans un endroit tranquille pour donner naissance à son petit. Elle sait d'instinct qu'il lui faut couper le cordon ombilical et lécher son poulain afin de le sécher, de stimuler sa circulation sanguine, mais aussi de l'imprégner de sa propre odeur. Elle saura ensuite reconnaître son petit entre mille. Après avoir repris des forces et avoir nettoyé consciencieusement son poulain, la jument l'incite à se lever. Encore titubant, le petit doit alors trouver les mamelles afin de boire le colostrum qui lui apporte les anticorps maternels. S'il ne parvient pas à trouver les pis de lui-même, sa mère l'y aide en le poussant doucement avec sa tête dans la bonne direction. Très vite, le petit poulain suivra sa mère partout, sous son œil protecteur et sous sa surveillance constante.

L'instinct maternel de la jument est très puissant. Si elle sent son poulain en danger, elle n'hésite pas à le protéger en toutes circonstances, parfois au péril de sa vie. Elle repousse les autres chevaux (y compris les poulains) et n'accepte de se laisser approcher que par son propre petit. Toutefois, dans certains cas, il arrive qu'une jument accepte d'adopter un poulain orphelin et de l'élever comme s'il était le sien. Dans la nature, cela n'arrive que très rarement et dans des circonstances exceptionnelles (jument ayant elle-même perdu son poulain). Dans un environnement plus propice, où la nourriture ne manque pas, on voit parfois des juments accepter le poulain d'une autre en plus de son propre petit, les deux poulains partageant alors son lait.

Les différents âges du cheval

Naissance et imprégnation naturelle

À peine né, le poulain se lève et trouve les mamelles, avec l'aide de sa mère si nécessaire. Celle-ci le lèche consciencieusement afin de le sécher, de le réchauffer, de stimuler sa circulation sanguine, mais aussi de le recouvrir de sa propre odeur. Les deux animaux partagent ainsi une odeur qui leur permet de se reconnaître sans hésitation.

En quelques heures, le poulain est capable de suivre sa mère (voir encadré page 62), puis de la reconnaître parmi les membres du troupeau et d'évoluer aux trois allures. Il ne faudra que quelques jours pour qu'il commence à jouer avec sa mère, puis avec les autres poulains, et pour qu'il s'intéresse à l'herbe du pré ou au seau de granulés.

Il apprend vite comment se comporter avec les autres chevaux, et à reconnaître ses amis et ses ennemis, grâce à l'influence de sa mère. C'est elle qui, dès que le lien olfactif est créé avec son poulain, influence ses déplacements, son alimentation, mais aussi ses peurs et ses relations avec les autres. C'est pourquoi lorsqu'on élève des chevaux il est essentiel que les poulinières soient d'un tempérament sociable et équilibré, et que les poulains reçoivent un maximum de contacts humains dès leur naissance. En leur présentant de nombreux éléments nouveaux dès les premières heures de leur vie et en les familiarisant avec l'homme et avec les autres espèces (chiens, chats…) avec lesquelles ils seront amenés à cohabiter plus tard, on en fait des animaux plus adaptables et aux capacités d'apprentissage accrues. On parle alors d'imprégnation comportementale, le poulain apprenant très tôt, avant d'être sujet à la peur ou à la méfiance, à tolérer les êtres et les objets qu'il côtoiera plus tard sans sourciller.

C'est lors des premières heures de sa vie que le poulain se lie à sa mère.

Le sevrage naturel

L e poulain commence très tôt à grignoter quelques brins d'herbe en complément de son régime lacté. Dans la nature, sa mère le laisse téter très tard, attendant bien souvent la naissance du poulain suivant pour repousser définitivement le plus vieux. La rupture est donc très progressive, contrairement à ce qui se passe dans beaucoup d'élevages. Le poulain qui quitte sa mère trop tôt et brutalement souffre beaucoup de cette séparation forcée et il est préférable d'effectuer un sevrage progressif, à l'image de celui qui se produit naturellement.

Les poulains sous la mère et dans la famille

Les chevaux adultes vivant en groupe suivent des règles bien établies lors de leur vie de tous les jours. Les jeunes ont eux aussi leurs habitudes, leurs mimiques et leur emploi du temps propre, qu'ils évoluent au sein d'un groupe sauvage ou domestique.

■ Le mouthing ou snapping

Poulains et jeunes chevaux se situent tout en bas de la hiérarchie du groupe. Les adultes se placent au-dessus d'eux et n'hésitent pas à les rappeler à l'ordre s'ils « poussent le bouchon » un peu loin lors de leurs jeux. Pour désactiver toute agressivité de la part d'un adulte, le poulain dispose d'une mimique spéciale, appelée mouthing ou snapping. Face à un adulte un peu impressionnant, le jeune étend son encolure et se met à faire claquer ses mâchoires en découvrant sa langue. C'est sa façon de dire qu'il accepte la dominance de son aîné et de demander sa clémence.

■ L'apprentissage par le jeu

Dès les premiers jours de sa vie, le poulain joue seul, avec sa mère, puis avec les autres jeunes du troupeau. Les jeux sont de natures diverses selon l'âge du poulain, son sexe et ses partenaires. Les courses poursuites, avec arrêts nets et démarrages « express », entrecoupés de sauts de mouton et de ruades, sont la spécialité des plus jeunes et des

Le jeu est un exutoire pour le poulain.

pouliches. Les jeux de bagarre sont préférés par les jeunes mâles, qui se préparent ainsi aux affrontements qu'ils auront à l'âge adulte. Dans tous les cas, le poulain apprend en jouant à bien contrôler ses mouvements et sa vitesse. Il apprend aussi jusqu'où il peut aller avec ses différents compagnons de jeu, et comment « faire semblant » sans faire mal.

Les poulains passent plus de temps couchés que les adultes.

Si le jeu est source d'apprentissage, il en est de même pour toutes les formes d'interaction du poulain avec les autres chevaux. Entre eux, les poulains passent du temps à se panser mutuellement, à se renifler, à effectuer des tentatives de monte… autant de comportements qui persistent jusqu'à l'âge adulte et préparent les jeunes aux relations sociales et sexuelles de leur vie d'adulte.

Contrairement aux chevaux adultes qui ne dorment que très peu et se couchent rarement, les poulains passent beaucoup de temps à se reposer. Leur organisme a besoin de temps de repos entre les poursuites effrénées et les tétées. C'est pourquoi on voit très souvent les jeunes chevaux couchés « en vache » ou de tout leur long, sur le flanc, notamment aux heures chaudes de la journée. Pas d'inquiétude à avoir : leurs mères sont là pour monter la garde et les protéger en cas de danger.

■ Le poulain et l'homme

Si le poulain apprend au sein de son groupe le comportement qu'il peut et doit avoir avec ses congénères, c'est au contact direct de l'homme qu'il apprendra à s'adapter à lui. Un cheval adulte ne tolère pas de se faire brutaliser par un jeune, et il le remet bien vite à sa place. De même, le poulain domestique doit apprendre le plus tôt possible ce qui est permis avec les humains et ce qui ne l'est pas. Plus il est manipulé

La tendance à suivre

La tendance à suivre est un des premiers comportements instinctifs du poulain nouveau-né, qui suit n'importe quel cheval (ou autre animal !) qui passe à proximité, apprenant du même coup à se méfier des autres juments, pas toujours ravies d'être adoptées par un poulain qui n'est pas le leur. L'expression qui accompagne leur réaction hostile est assez vite reconnue par le jeune, qui finit, au bout de quelques jours par reconnaître sa mère et ne suivre qu'elle. C'est à ses côtés qu'il fera la plus grande partie de son apprentissage.

jeune, plus le poulain sera décontracté dans ses rapports avec l'homme. Mais attention, c'est une situation à double tranchant : s'il est élevé comme un chien et habitué
à l'homme dès son plus jeune âge, mais qu'on ne lui pose aucune limite, l'animal une
fois adulte sera insupportable, voire dangereux. L'idéal est un contact précoce et
répété avec l'homme, accompagné de règles simples et strictes (ne pas mordiller, ne
pas monter sur les épaules, etc.). Moyennant cela, on obtiendra un cheval équilibré,
bien dans sa tête et agréable à vivre.

Les groupes de jeunes célibataires

Les jeunes mâles quittent le groupe où ils sont nés dès qu'ils ont atteint leur maturité
sexuelle (vers 2 ou 3 ans) et partent fonder un nouveau groupe où s'intègrent à un
groupe de jeunes célibataires.

Ils ont passé une bonne partie de leur jeunesse à s'entraîner au combat en jouant à
lutter les uns contre les autres et sont donc préparés aux affrontements de la vie
d'adulte. Leur apprentissage se poursuit en général pendant quelques années au sein
de petits groupes de jeunes célibataires. Ce mode de vie leur évite de se retrouver

Dans la nature, les jeunes quittent souvent leur harde pour composer des groupes de célibataires.

seuls à la merci des prédateurs, tout en leur donnant le temps nécessaire pour finir de
devenir des adultes. Ces groupes sont organisés comme des troupeaux miniatures,
avec une hiérarchie et une organisation similaires, bien qu'ils ne comportent que des
mâles.

Un jour peut-être, ils oseront se mesurer à un étalon pour lui prendre son groupe,
ou ils parviendront à former leur propre harem en séduisant des juments qui se sont
éloignées de leur groupe.

Dans les élevages ou dans les clubs, il arrive que des entiers soient mis ensemble
dans le même pré ou dans le même box. S'ils ne sont pas en compétition pour une
ou plusieurs juments, tout peut très bien se passer. C'est surtout le cas pour les
groupes de jeunes mâles parqués ensemble à l'élevage : ils recréent ainsi les groupes
qui existent dans la nature et, une fois la hiérarchie instaurée, tout se passe plutôt
bien. Toutefois, il ne faut pas songer à mettre ensemble des entiers reproducteurs ou
des mâles en la présence de juments : le risque d'affrontement serait alors bien réel.

La jument

Dans un groupe de chevaux sauvages, chaque individu a son rôle. L'étalon protège les siens des agressions pendant que les juments s'occupent des jeunes. Les groupes sont très bien hiérarchisés : chacun connaît sa place et y reste généralement sans broncher.

Les femelles qui composent le harem de l'étalon, qui est polygame, sont plus ou moins nombreuses selon les groupes et c'est autour d'elles que s'organise la hiérarchie.

On pense habituellement que l'étalon est le chef de son groupe. Ce n'est pas tout à fait vrai. Bien sûr, en cas de danger ou en présence d'un élément extérieur au troupeau, c'est lui qui intervient. Pourtant, dans la majorité des autres cas, le troupeau est dirigé par une jument. C'est en effet la jument dominante qui décide des déplacements du groupe à la

La jument tient un rôle capital au sein du troupeau.

recherche d'eau et de nourriture ; les autres juments s'écartent de son chemin et c'est souvent elle qui reste aux côtés de l'étalon.

Le rôle principal des juments au sein d'un troupeau est la reproduction de l'espèce. Ce sont elles qui élèvent les poulains, les surveillent et jouent avec eux. Leur instinct de protection est très développé et beaucoup de juments domestiques hésitent à laisser approcher quiconque de leur poulain.

Les petits orphelins sont parfois adoptés par une autre jument ayant déjà un poulain ou ayant perdu le sien.

Les juments vivent généralement en parfaite harmonie.

Si les relations entre mâles sont souvent tendues, les juments se tolèrent plus facilement. Ce n'est pas pour autant qu'elles s'apprécient toutes sans heurts. Dans le troupeau, la hiérarchie est généralement bien établie et seules les juments d'un rang proche se côtoient. Il existe des affinités entre certains individus du groupe et ce sont les amies que l'on verra le plus souvent manger ensemble ou se panser mutuellement.

À l'état domestique, si les chevaux entiers ne sont pas toujours faciles à monter et à manipuler, les juments sont généralement plus douces et plus maniables. Elles sont moins guidées par leur instinct sexuel que les étalons et peuvent être intégrées à une reprise sans souci majeur.

Les périodes de chaleurs sont cependant parfois un peu délicates. Certaines juments deviennent alors assez ombrageuses, voire franchement mal lunées. Elles refusent de se laisser approcher par des congénères, tournent les fesses, poussent de petits couinements peu engageants, quand elles ne passent pas carrément à la phase « publicitaire », annonçant leur état à tout mâle (castré ou non) des environs.

Les petits défauts et mauvaises habitudes des juments sont habituellement plutôt à l'inverse de ceux des mâles : elles bottent plus facilement qu'elles ne mordent, sont souvent assez « chatouilleuses » et sont moins portées à se cabrer que les entiers.

Dans l'ensemble, à part quelques cas particuliers, les juments font des montures calmes et dignes de confiance.

L'étalon

■ Protéger et se reproduire

Dans la nature, les groupes de chevaux sont organisés autour de l'étalon et d'une jument dominante. C'est le mâle, toujours aux aguets, qui s'occupe de protéger son troupeau contre les dangers extérieurs. Les chevaux entiers domestiques (et même certains hongres) ont conservé une partie des comportements instinctifs de leurs cousins sauvages.

Loin d'être un tyran, l'étalon est généralement très doux avec les siens. Les rapports entre le mâle et ses juments ne sont pas dépourvus de tendresse :

Le rôle de l'étalon est de protéger son troupeau.

Contrairement à une idée reçue, les étalons sont généralement très pacifiques.

Il est assez rare que les étalons domestiques aient un contact avec leur progéniture. Ils ont pourtant un rôle à jouer dans l'éducation des jeunes, comme le montrent ces haflingers.

pansage mutuel, reniflements, grattouilles amicales sont autant de manifestations de douceur entre l'étalon et ses belles.

L'étalon n'est pas un chef absolu. Ce n'est d'ailleurs pas lui qui décide des déplacements du troupeau ou de son organisation hiérarchique. Il est pourtant une situation où son autorité n'est pas contestée : s'il pressent la présence d'un danger. Son attitude est alors très claire : tous les membres du troupeau se doivent de suivre ses instructions à la lettre. Pour rassembler son troupeau ou récupérer une jument égarée, il utilise une attitude sans équivoque, connue sous le nom de guidage. Une fois le danger écarté, il se laisse à nouveau mener par le bout du nez !

Avec la fonction de reproduction, le rôle principal de l'étalon est la protection du troupeau. Sa place de chef a un prix : la contestation régulière de mâles seuls à la recherche d'un harem. Le propre du jeune mâle est en effet de souhaiter à tout prix devenir « calife à la place du calife » !

Les combats entre étalons sont impressionnants mais rarement dangereux. Toutefois, ils laissent aux combattants de nombreuses cicatrices et parfois de graves blessures. Comme pour la plupart des autres espèces, c'est la loi du plus fort qui prévaut, et l'étalon vieillissant laisse un jour ou l'autre sa place à un plus jeune.

■ Hongre ou étalon ?

Pour certains, un cheval domestique mâle devrait systématiquement être castré s'il n'est pas destiné à la reproduction. Pour d'autres au contraire, l'entier a une noblesse inégalable. Tout est en fait une question de sensibilité personnelle, d'expérience et de niveau équestre. Il est certain que les hongres ont tendance à être plus maniables que les entiers : ils restent généralement calmes en présence d'autres mâles ou de juments, même si celles-ci sont en chaleur.

Les entiers prennent bien souvent de mauvaises habitudes et peuvent être carrément intenables en présence d'une jument. Leurs spécialités : mordre et se cabrer… ils ne sont donc pas à mettre entre des mains inexpérimentées.

Tout cela est toutefois à nuancer : de même qu'on rencontre des hongres intenables, certains entiers sont adorables. Tout dépend de leur éducation et de leur caractère : chez certaines races à sang froid telles que le fjord, le highland ou la plupart des races de trait, les étalons sont souvent doux comme des agneaux et peuvent être manipulés et montés sans peine.

Si certains entiers sont de véritables furies, d'autres au contraire

Les mâles entiers sont parfois délicats à manipuler…

peuvent être assez timorés. Ce peut être le cas de mâles peu dominants qui, à l'état sauvage, n'auraient jamais formé de harem et donc jamais sailli, ou de chevaux trop proches de l'homme, ne s'identifiant plus vraiment à l'espèce équine.

S'il est généralement établi que les mâles non castrés sont plus difficiles à manier, c'est souvent parce qu'ils sont privés des contacts sociaux nécessaires à leur équilibre comportemental. Beaucoup d'étalons d'élevage vivant toute l'année avec des juments sont très doux et très équilibrés dans leurs rapports avec l'homme. Il arrive même que l'on ait l'occasion de monter des entiers dans certains clubs hippiques. Souvent, ils sont utilisés pour la reproduction et participent également aux reprises. Dans ce cas, ils ont pris l'habitude de côtoyer les autres chevaux et de garder leur calme. Quelques précautions élémentaires sont toutefois à prendre : l'entier sera de préférence placé en tête de la reprise ou entouré de hongres. Mieux vaut éviter de le mettre juste derrière une jument, même s'il semble d'un calme olympien. Il sera de préférence monté par un cavalier expérimenté. Malgré un tempérament parfois un peu « chaud », les entiers peuvent être des montures tout à fait fiables et s'insérer sans problème dans une reprise.

… mais lorsqu'ils sont bien éduqués,
ils peuvent se montrer très doux.

Les chevaux âgés

■ L'emploi du temps du cheval âgé

Comme dans la plupart des autres espèces, le cheval modifie son comportement au fil des années. L'expérience, mais aussi l'évolution de ses capacités physiques influent sur son mode de vie et ses réactions à certaines situations. Passé un certain âge, sa vie se calme de façon progressive. Moins actif, il apprend à économiser ses efforts pour profiter au maximum de l'énergie apportée par son alimentation. Plus de galops effrénés ni de sauts de mouton désordonnés juste pour le plaisir, juste ce qu'il faut d'exercice pour garder la forme et se rendre d'un point stratégique à un autre : au point d'eau une ou deux fois par jour, à l'abri des intempéries pour ne pas trop se fatiguer, etc. Le cheval âgé dort plus fréquemment et plus profondément que ses congénères. Il sait profiter des rayons du soleil pour se réchauffer en hiver pendant qu'il pique un petit somme, ou rester à l'ombre en été pour échapper aux assauts des insectes piqueurs. Son rythme de vie se ralentit et il garde toute son énergie pour combattre le froid, les parasites ou la maladie et rester en bonne condition physique.

Le cheval devient moins actif avec l'âge.

■ La place au sein du troupeau

L'étalon sauvage est probablement celui dont l'âge a le plus d'influence sur son statut social. Trop jeune, il ne peut accéder au titre de seigneur d'un troupeau, ne parvenant à fonder son propre harem qu'après plusieurs années d'efforts et de combats infructueux. Sa place au sommet de la hiérarchie est chère et il ne la conserve que tant qu'il reste le plus fort, impressionnant suffisamment ses adversaires pour les mettre en fuite. Un jour pourtant, ses forces ayant progressivement diminué, il se trouve dépassé par la pugnacité d'un rival à qui il doit céder sa place. Exclu du groupe qui était le sien, il se retrouve solitaire ou rejoint d'autres seigneurs déchus dans un groupe de vieux mâles.

La compagnie devient essentielle lorsque le cheval prend de l'âge.

Si l'étalon se retrouve banni du troupeau dès qu'il n'a plus la force nécessaire pour le défendre contre les envahisseurs, la jument, elle, y reste bien souvent jusqu'à la fin de sa vie. Ne connaissant pas la ménopause, elle peut avoir des poulains jusqu'à un âge avancé (au-delà de vingt ans). Si elle intéresse moins l'étalon passé un certain âge ou si sa fertilité diminue, elle demeure néanmoins au sein du troupeau et conserve même souvent son rang dans la hiérarchie. Une jument dominante peut parfois le rester jusqu'à la fin de sa vie.

■ L'âge et l'amitié

Plus leur âge avance, plus les liens qui unissent deux amis sont solides et il n'est pas rare de voir deux chevaux devenir quasiment inséparables. Deux chevaux âgés très attachés l'un à l'autre auront tendance à rester constamment ensemble, à se suivre partout, et ils seront très agités si on les sépare. Il arrive aussi qu'un cheval handicapé (notamment un cheval aveugle) compte sur son copain pour le guider dans ses déplacements quotidiens.

Dans tous les cas, une séparation brutale (décès d'un des deux chevaux, par exemple) peut profondément affecter le vieux cheval qui, dans certains cas, reste inconsolable et peut même se laisser dépérir.

Les chevaux âgés sont souvent très attachés à leurs compagnons.

Respecter
son intégrité

La plupart des cavaliers
d'aujourd'hui choisissent
l'équitation pour le contact
unique qu'elle procure
avec cet animal
majestueux qu'est
le cheval. Pour aimer,
il faut comprendre,
et lorsqu'on comprend
et qu'on aime, n'est-il pas
normal de respecter ?

Du pré... au box

Le cheval enfermé

■ Quel mode d'hébergement ?

Animal grégaire, adapté à une vie en groupe dans de grands espaces, le cheval domestique est pourtant souvent condamné à la « prison » à vie. En effet, si le box nous semble une solution logique d'héberge-ment, il ne faut pas oublier, aussi spacieux soit-il, qu'il prive le cheval de la liberté dont il jouit normalement à l'état sauvage. Cet enfermement contre nature affecte son comportement et le mène souvent à l'ennui, à la tristesse, voire à l'agressivité. Il suffit pourtant d'un peu d'imagination et de quelques efforts pour améliorer sa situation et donc son humeur. Bien sûr, le meilleur moyen de lui rendre la vie plus belle, c'est de lui offrir un pré et un coin de ciel bleu !

Pour limiter certains inconvénients liés à l'enfer-mement, il est possible de mettre les chevaux en sta-

L'écurie n'est pas l'hébergement idéal
pour un animal grégaire comme le cheval.

La stabulation libre représente un bon compromis.

Les stalles sont heureusement de moins en moins utilisées.

Isolé le cheval développe parfois
des troubles du comportement.

bulation libre. Ce système, similaire à celui qui est couramment utilisé pour les bovins, consiste à placer plusieurs chevaux ensembles dans un très grand box. Les relations entre les animaux sont ainsi proches de celles des chevaux au pré. Attention toutefois : l'espace étant restreint, on ne peut mettre ensemble que des chevaux qui s'entendent. La fuite est en effet impossible pour les plus faibles, qui se feraient immanquablement maltraiter par les plus forts. La stabulation libre est surtout utilisée pour les poneys et les chevaux camarguais dans les clubs, ainsi que pour de jeunes chevaux d'élevage. Elle représente une solution intermédiaire intéressante entre le pré et le box traditionnel.

À l'opposé, le système des stalles, dans lequel les chevaux sont attachés individuellement, est heureusement de moins en moins employé de nos jours. Il ne permettait en effet ni un contact satisfaisant entre les animaux, ni la moindre liberté de mouvement. L'attache ne devrait en tout cas représenter qu'une solution temporaire, pour le pansage, les soins ou lorsqu'il n'existe pas d'autre possibilité (en randonnée par exemple).

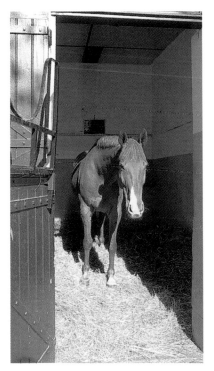

S'il vit au box, le cheval doit recevoir des visites
fréquentes et disposer de plages de liberté.

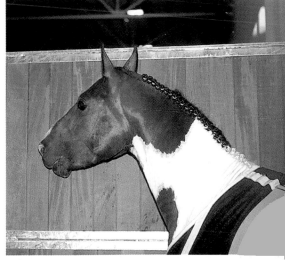

La solitude et le stress peuvent totalement
perturber le cheval.

Des jouets pour l'occuper

Au box, au paddock ou au pré, le cheval a besoin de se distraire. Sa vie est bien organisée, mais même quand il a la chance de disposer d'espace et de compagnie, il apprécie de disposer de plages de jeu. Les jeunes chevaux sont souvent très joueurs et beaucoup le restent jusqu'à l'âge adulte.

Les jouets inventés par l'homme ont plusieurs utilités selon leur nature. Au box, ils sont surtout destinés à distraire l'animal et à le détourner d'éventuelles mauvaises habitudes (mobiles, roulettes, pommes en plastique ou friandises suspendues) mais peuvent également proposer une certaine interaction entre les chevaux hébergés côte à côte (bâtons reliés par une chaîne coulissant entre deux boxes). Au paddock ou au pré, on privilégie le côté défoulement (ballons), mais il existe aussi des jouets « éducatifs » qui forcent l'animal à réfléchir et font travailler son intelligence. Les plus simples sont de grosses boules remplies de nourriture et percées d'un ou plusieurs trous par lesquels l'aliment s'écoule. Le cheval apprend à les pousser du nez pour faire tomber la nourriture qu'il ramasse sur le sol au fur et à mesure.

■ Tics et comportements dus à l'enfermement

Les chevaux enfermés à longueur de journée s'ennuient souvent, surtout s'ils n'ont pas beaucoup de visites et qu'ils n'ont aucun compagnon d'écurie. Les poneys et chevaux « à sang froid » ont alors tendance à devenir apathiques et à se morfondre, tandis que les chevaux de sang ont plutôt tendance à s'énerver et à trépigner. Quel est le club qui n'a pas sa ou ses « terreurs », toujours prêtes à mordre le bras du cavalier qui passe trop près de sa porte, voire à coincer dans le fond du box les plus téméraires ? Ces furieux sont souvent des chevaux que la vie en box stresse et rend agressifs. Le passage constant de personnes et d'autres chevaux à proximité, le bruit et l'agitation du centre équestre les agacent et, incapables de s'en éloigner puisque enfermés, ils passent à l'attaque ! Ces chevaux se contentent parfois de manœuvres d'intimidation sans aller jusqu'à mordre ou botter, mais certains n'hésitent pas à passer à l'acte et il est prudent de se méfier de tout cheval qui couche les oreilles et fait mine de mordre, ou qui tourne les fesses vers celui qui pénètre dans son box.

À force de s'ennuyer et de subir le stress quotidien de la vie en box, d'autres se mettent à « tiquer ». On recense de nombreux tics chez les chevaux en box (voir page 90), mais le tic à l'appui est le plus courant et probablement le plus nocif. Le cheval prend appui sur une surface dure (porte de box, bord de la mangeoire…) et, contractant sa gorge, avale de l'air. C'est une habitude difficile à

Une fois ancrés, les tics sont très difficiles à éliminer.

faire passer, que l'on n'a jamais observée chez des chevaux en liberté. D'autres tics se rencontrent couramment, comme le tic de l'ours (qui consiste à se balancer d'un antérieur sur l'autre constamment) ou le tic rongeur.

■ Un peu de distractions

Le cheval aime les grands espaces et la compagnie de ses congénères. Seul, enfermé, il s'ennuie. La moindre des choses est donc de lui permettre de se distraire en lui proposant un peu d'animation. Comme il n'est pas difficile, l'effervescence qui règne dans la cour des écuries contribue à rendre ses journées plus intéressantes. Encore faut-il qu'on laisse le vantail supérieur de la porte de son box ouvert, afin qu'il puisse en profiter à loisir.

Herbe verte et grands espaces sont essentiels au bien-être du cheval.

Pour s'occuper dans son box, un cheval a besoin de plusieurs choses. Tout d'abord, il lui faut un contact, le plus proche possible, avec ses congénères : une ouverture entre les boxes est une bonne idée. Ensuite, il lui faut de quoi grignoter : en liberté, il passe le plus clair de son temps à brouter. Il est donc indispensable de lui fournir du foin à volonté et de préférence une litière de paille, qu'il mâchonnera pour passer le temps. Des jouets adaptés lui procureront également quelques distractions.

Si un cheval ou un poney doit absolument vivre au box, il faut s'arranger pour qu'il ait le maximum de distractions. On préférera une litière de paille à des copeaux, pour lui permettre de toujours avoir quelque chose à se mettre sous la dent ; un bloc de sel peut aussi l'occuper quelque temps. Il est indispensable qu'il passe le plus de temps possible dehors, au paddock, au pré ou simplement promené en main (si on ne dispose pas de terrain, on peut l'emmener brouter sur le bord des chemins !), entre les séances de travail. Celles-ci doivent d'ailleurs être fréquentes et variées afin de permettre à l'animal de dépenser son trop-plein d'énergie sans s'ennuyer. On veillera également à ce que sa ration soit adaptée au travail fourni : inutile de le gaver d'avoine s'il ne fait que quelques promenades tranquilles. Enfin, on peut lui offrir un compagnon de box ou quelques jouets pour l'occuper (voir encadrés pages 74 et 81). Un cheval heureux est un cheval qui dispose de plages de liberté et du contact avec ses congénères, toutefois, la présence fréquente et amicale de son cavalier ou de son soigneur peut l'aider à mieux vivre sa captivité.

Faute de la compagnie de ses semblables, le cheval apprécie celle de son soigneur.

L'importance d'une bonne litière

La paille est la litière la plus adaptée au mode de vie du cheval.

Un cheval à l'écurie doit disposer d'une bonne litière, qui sera nettoyée et remplacée régulièrement. Le choix d'une litière est plus important qu'il n'y paraît : il ne s'agit pas uniquement de donner au cheval un matelas sur lequel se coucher.

La litière peut être comestible (paille) ou non. Parmi les litières non comestibles, les copeaux de bois sont les plus utilisés. On trouve également des litières de papier, de lin ou de caoutchouc. Le choix d'un matériau de litière est guidé par des impératifs financiers, mais aussi par des raisons de santé et de confort du cheval : de la paille ou des copeaux de qualité médiocre ne conviendront pas à un cheval allergique à la poussière, le caoutchouc est facile à nettoyer mais n'absorbe pas l'urine et présente un confort limité…

Un cheval en bonne santé, quelles que soient ses conditions de vie, sera généralement très bien sur un lit de paille, et c'est la litière idéale dans la plupart des cas. La paille (notamment la paille de nuit, particulièrement nourrissante) a, en outre, l'avantage de servir de fourrage : un cheval sur une autre litière devra recevoir une généreuse ration de foin pour compenser ! Ce fourrage, outre son côté nutritif, représente aussi pour l'animal un moyen de reproduire son mode d'alimentation naturel en grignotant toute la journée. Une bonne litière peut donc permettre de lutter contre l'ennui et les comportements qui peuvent en découler.

Toutefois, il est parfois préférable d'opter pour un autre matériau. Ce peut être le cas des chevaux allergiques à la paille ou emphysémateux, mais aussi de ceux qui doivent recevoir une alimentation particulière (sportifs, notamment). Un cheval qui se gave de paille risque des coliques et il ne sera en tout cas pas dans les meilleures conditions pour faire des efforts soutenus. Les alternatives dépendent alors principalement du budget de chacun et devront prendre en compte le besoin d'occupation constante de l'animal.

Un irrésistible besoin de compagnie

Nous l'avons vu précédemment, la vie en troupeau est la meilleure défense contre les prédateurs. Les individus ne survivent que grâce à une entraide indispensable. L'animal qui se retrouve exclu du groupe est immédiatement en danger de mort, car il ne dispose plus des autres pour l'avertir en cas d'urgence.

À l'état domestique, les chevaux n'ont rien perdu de leur instinct grégaire. Pour eux, la solitude ne signifie pas seulement l'ennui mais aussi la vulnérabilité et la peur du danger. Offrir à un cheval un ou plusieurs compagnons de pré ou d'écurie lui permet non seulement de s'occuper et de se sentir moins seul, mais également de se rassurer en recréant une cellule « naturelle ». Un groupe de deux chevaux suit déjà des règles similaires à celles d'un troupeau plus important : l'un des deux domine l'autre et décide des déplacements,

Les chevaux domestiques n'ont pas perdu leur instinct grégaire.

l'autre suit son mentor et partage ses occupations. À moins qu'ils ne se sentent tout à fait en sécurité, les animaux se reposent à tour de rôle, l'un « montant la garde » pendant le sommeil de l'autre. Si l'un des deux prend peur, l'autre fuit avec lui, etc.

En équitation, l'instinct grégaire a une influence à double tranchant. Son côté positif est qu'un groupe de chevaux aura tendance à suivre son « leader » en file indienne plutôt que de s'éparpiller, ce qui est appréciable lors des reprises de débutants. De la même façon, un jeune cheval sera sécurisé si on le place derrière son aîné dans un passage délicat.

Le revers de la médaille est que tout travail individuel va à l'encontre de la nature profonde de l'animal. S'éloigner du groupe est pour lui une épreuve difficile à surmonter et le cavalier doit savoir faire preuve d'une grande patience pour apprendre à sa monture à travailler loin des autres. Le meilleur moyen d'y parvenir est de se substituer aux autres chevaux, en gagnant la confiance de l'animal qui ne se sentira plus seul dès lors que son cavalier est présent.

Autre inconvénient de l'instinct grégaire, les groupes de chevaux sont sujets à des « contagions » diverses : il suffit souvent qu'un des animaux prenne peur ou parte en sauts de mouton pour que le reste de la reprise suive…

Les chevaux au pré recréent une véritable cellule naturelle.

Quand il « pète les plombs »

L'oisiveté est mère de tous les vices, c'est bien connu ! Les chevaux au box développent parfois des vices très ennuyeux et parfois nocifs, dus à l'ennui et au stress, deux facteurs inconnus du cheval libre. Une fois ces mauvaises habitudes prises, elles sont très difficiles à faire passer, même en remettant l'animal au pré. Mieux vaut donc prévenir que guérir ! Un cheval qui ronge le bois, avale de l'air ou se balance constamment d'un pied sur l'autre est un cheval mal dans sa peau. Son mode de vie ne lui convient pas : il est malheureux. C'est pourquoi il faut absolument éviter l'ennui en fournissant du fourrage et des jouets aux chevaux en box, en leur offrant des périodes de liberté et le contact fréquent avec leurs congénères. Trop souvent enfermé au box 23 heures sur 24, ne sortant que pour travailler et de surcroît nourri avec des aliments trop riches par rapport à son activité, le cheval domestique emmagasine alors un trop-plein d'énergie. Cette énergie inutilisée se traduit souvent par un tempérament très « chaud » une fois monté, certains chevaux devenant carrément insupportables. La solution consiste à accorder quelques heures de liberté au cheval chaque jour et à le laisser se défouler un peu au paddock avant de le monter. Une détente à la longe sera également très profitable. Mais l'idéal c'est encore de lui offrir une vie au pré, en compagnie d'autres équidés !

Le cheval au pré

Le pré est la solution idéale pour l'hébergement d'un animal grégaire comme le cheval. Mais attention ! mise au pré ne signifie pas abandon, et toutes les pâtures ne se valent pas. À deux, à trois, ou en troupeau, les équidés retrouvent un environnement et un mode de vie proche de ceux qu'ils auraient dans la nature. Seuls dans une grande prairie, ils ne sont cependant pas tellement mieux lotis que s'ils étaient à l'écurie. Faute de pouvoir offrir à son cheval la compagnie de ses semblables, on l'aidera en lui offrant celle d'une chèvre, d'un mouton ou de bovins, mais c'est avec ses congénères qu'il sera le plus heureux.

■ La gestion du pré

Loin de se résumer à une simple aire de jeu, une prairie doit surtout apporter une alimentation complète et équilibrée à ses habitants. Un paddock dénué d'herbe permettra aux chevaux de se défouler, mais ni de se nourrir, ni (et c'est presque aussi important !) de passer le temps en broutant à longueur de journée.

Dans la nature, les chevaux se déplacent pour trouver de l'herbe en abondance. Au pré, ils sont forcés de rester sur un espace relativement réduit pour y

Pour produire une herbe de qualité, la pâture ne doit pas mesurer moins d'un hectare par cheval.

Faute d'herbe suffisante, un complément
en foin est nécessaire.

De l'eau claire doit être accessible
à tout moment.

puiser leur nourriture. Celle-ci doit donc être suffisamment riche pour subvenir à leurs besoins. Pour produire une herbe de qualité, la pâture doit répondre à deux conditions essentielles : une surface minimum par rapport au nombre de chevaux qui s'y trouvent et un sol de qualité satisfaisante. En pratique, ces deux conditions ne seront remplies que si l'on effectue une rotation des pâturages en réservant à chaque fois une parcelle d'un hectare minimum par cheval. En effet, un pré surpâturé s'appauvrit très rapidement et cesse alors de produire la végétation nécessaire à l'alimentation de ses occupants. Lorsqu'on dispose d'une grande prairie, l'idéal est de la diviser en plusieurs parcelles séparées par une clôture électrique mobile. Si on dispose de plusieurs petits prés, le système de rotation est le même, chaque parcelle ayant droit à un temps de repos afin d'assurer une bonne repousse de l'herbe. Ce temps de repos varie selon les saisons : plus long en été, il pourra être réduit à environ deux semaines dans les périodes où la pousse est rapide (printemps).

Pour parfaire l'alimentation et pour occuper les animaux, on leur donne du foin lorsque l'herbe est rare, et on laisse à leur disposition un bloc de sel à lécher. L'eau doit de préférence être distribuée à volonté. Si la pâture est traversée par une rivière ou un ruisseau, les chevaux iront s'y abreuver et s'y rafraîchir d'eux-mêmes. Une mare d'eau stagnante doit par contre être interdite d'accès (il est d'ailleurs peu probable que les animaux souhaitent s'y abreuver). Faute de point d'eau naturel, un abreuvoir automatique est idéal, mais on peut également utiliser un grand bac en plastique. L'abreuvoir, quel qu'il soit, doit être nettoyé régulièrement et on y brise la glace en hiver.

Certaines plantes sont particulièrement bénéfiques pour le cheval, par leur qualité nutritionnelle : ce sont

Il faut savoir reconnaître les plantes
bénéfiques des mauvaises herbes
(comme le bouton d'or).

Les insectes sont souvent très virulents à la belle saison.

Clôtures et abris sont des éléments importants lors du choix d'une pâture.

les plantes fourragères, et d'autres, qu'on pourrait facilement prendre pour de mauvaises herbes ! Le pissenlit, le trèfle blanc ou la luzerne (en quantités raisonnables) font partie de ces plantes utiles. Attention par contre aux plantes toxiques ! si dans la nature elles sont délaissées par les chevaux, le manque de variété et d'espace dans une pâture peut amener les animaux à en consommer et à s'intoxiquer. Certains végétaux comme l'ortie, le chardon, ou le plantain ne sont pas appréciés par le cheval sans pour autant être toxiques. Ils ne sont que rarement consommés et évoluent rapidement vers des zones de « refus ». Ces zones s'étendent rapidement pour finir par envahir le pré si on n'y prend pas garde : il faut donc nettoyer régulièrement les régions « boudées » par les chevaux en enlevant les crottins et les mauvaises herbes qui s'y trouvent. Il est également très bénéfique d'effectuer une rotation entre chevaux et bovins : ceux-ci ne mangent pas les mêmes herbes et aideront à réduire les zones de refus. De plus, les vaches ingèrent les œufs de parasites équins sans que ceux-ci les affectent ; c'est donc un double service rendu aux chevaux. À la saison chaude, les mouches et les taons harcèlent constamment les animaux au pré. Certains chevaux à la peau très sensible se transforment en véritables furies sous l'assaut des insectes : il est alors plus sage de ne les sortir que la nuit et de leur faire passer la journée à l'écurie.

■ Les clôtures et les abris

L'instinct de fuite du cheval étant très fort lorsqu'il se croit en danger, les clôtures doivent être très dissuasives sans être trop solides. En effet, un cheval affolé (et à plus forte raison un troupeau tout entier !) a tendance à foncer droit devant lui et à tout traverser. L'idéal est une haie vive bien dense – qui a en outre l'avantage de former un écran naturel contre le vent – ou une clôture en

Des animaux de bonne compagnie

Le cheval supporte très mal la solitude. Quel que soit son mode d'hébergement, il vaut donc mieux lui offrir un ou plusieurs compagnons avec lesquels passer ses journées.

Lorsqu'il est impossible de faire cohabiter l'animal avec un de ses congénères (manque de place, de moyens, etc.), on peut envisager de le mettre avec un ou plusieurs animaux d'une autre espèce. Il s'habitue généralement très vite à son nouveau compagnon et lie avec lui des relations qui peuvent être très profondes. Lorsqu'il s'agit d'une espèce proche (âne) ou d'un autre herbivore (chèvre, mouton...), les moyens de communication sont souvent similaires et les deux animaux semblent vite se comprendre et partager des moments privilégiés, au même titre que deux chevaux ou poneys. Les besoins des uns et des autres étant bien souvent complémentaires, la cohabitation est bénéfique à plus d'un titre. Avec des espèces plus éloignées (carnivores domestiques, lapin, poule...), l'adaptation est plus longue et la compréhension limitée mais les rapports n'en sont pas nécessairement moins solides.

bois solide. La clôture électrique (ruban de préférence, à cause de sa visibilité) est très efficace et sans risque de blessure pour le cheval. Elle peut être utilisée seule ou en complément des deux précédentes. Les barbelés, cause de nombreux accidents graves, sont à éviter.

Dans la nature, les chevaux se contentent de haies et d'arbres pour se protéger des intempéries. Un box ou un abri de prairie leur permet de se protéger du vent et de la pluie en hiver, mais aussi de la chaleur et des mouches en été. Le sol de l'abri doit rester sec et peut être recouvert d'une litière de paille ou de copeaux. Il est judicieux de renforcer les parois à l'aide de grosses planches placées à la hauteur des croupes des chevaux, afin d'éviter qu'ils ne les endommagent en s'y appuyant (pour se gratter, par exemple). Attention aux abris exigus, ou dont l'ouverture est trop étroite : un cheval risque de se faire coincer à l'intérieur par un animal plus dominant et de prendre un coup de pied qu'il ne pourra pas esquiver.

Un bouquet d'arbres donne de l'ombre l'été et permet aux chevaux de se gratter.

Enfin, si la compagnie est indispensable au bien-être du cheval, celui-ci ne doit être mis au pré qu'avec des congénères avec lesquels il s'entend bien. L'espace étant réduit et délimité par des clôtures, un cheval chassé du troupeau n'a nulle part où fuir et se retrouve bien souvent blessé par son assaillant. Le pré recrée certes un environnement proche du naturel, mais il ne faut pas oublier ses limites !

Un mode d'alimentation différent

Festin ou grignotage ?

■ Le système digestif du cheval

L'alimentation est l'activité qui prend le plus de temps au cheval sauvage. Ses déplacements sont pour la plupart liés au besoin de trouver de l'herbe et de l'eau, et sa vie tourne autour de ces nécessités vitales.

L'estomac du cheval est très petit par rapport à la taille de l'animal, à l'inverse de celui des carnivores, qui se contentent facilement d'un gros repas par jour.

Outre ce petit estomac, les équidés possèdent un intestin très long, qui permet aux aliments de circuler lentement. La digestion est donc très lente, au même titre que l'ingestion elle-même.

Ce mode d'alimentation permet au cheval de profiter au mieux d'une nourriture pauvre. L'herbe contient en effet principalement de l'eau et de la cellulose : elle est donc très peu nourrissante. De plus, le volume ingéré en une seule fois est minime, et le « repas » est étalé sur toute la journée. En conséquence, l'estomac n'est jamais plein. Il fonctionne d'ailleurs parfaitement lorsqu'il est rempli aux deux tiers. L'animal est ainsi tout à fait à même de faire un exercice violent (comme fuir un prédateur ou mettre en chasse un rival), sans risque pour sa santé.

Le volume d'aliments ingérés en une seule fois par un cheval « libre » est minime.

■ Une alimentation à adapter

Le cheval domestique passe souvent la plus grande partie de son temps immobile à l'écurie et ne reçoit au mieux que deux ou trois rations concentrées par jour, consom-

mées en quelques minutes. S'il n'a pas, en plus, du foin ou de la paille à volonté, son mode d'alimentation va à l'encontre de ses besoins naturels. C'est souvent à cause de cela que les chevaux domestiques souffrent de multiples troubles alimentaires et digestifs, sans parler des troubles du comportement liés à un mal-être profond.

Au pré, lorsque le cheval fournit un travail plus ou moins intensif, sa consommation d'herbe devient insuffisante pour assurer l'ensemble de ses besoins énergétiques. L'homme lui apporte alors en complément des aliments dits « concentrés », plus riches et plus nourrissants que le fourrage. Si l'animal est hébergé dans une écurie, il lui faut recevoir un apport de foin de bonne qualité, qui remplacera l'herbe fraîche à laquelle il n'a pas accès. En effet, si les aliments concentrés (grain, granulés ou floconnés) permettent de fournir au cheval de l'énergie en grande quantité, ils ne doivent cependant être considérés que comme des compléments de l'alimentation de base, c'est-à-dire du fourrage, indispensable au bon fonctionnement du système digestif du cheval.

Les rations du cheval domestique sont souvent élaborées autour d'aliments « concentrés ».

Le cheval, comme tous les herbivores, dispose normalement dans la nature d'un large éventail de végétaux qu'il choisit avec soin selon ses besoins afin de se constituer un régime complet et équilibré. Le cheval domestique n'a pas cette possibilité : au mieux il dispose d'une pâture dont la diversité des végétaux est assez limitée, au pire il est au box et n'a pas accès à une prairie, dépendant alors entièrement des aliments fournis par l'homme. Il est de plus en plus facile de se procurer des herbes à mélanger à la ration de son cheval, et certains fabricants d'aliments complets n'hésitent pas à ajouter certaines d'entre elles à leurs produits. Chacune a une ou plusieurs utilités bien spécifiques et on trouve des mélanges destinés à couvrir des besoins bien particuliers.

Une autre possibilité, lorsque les chevaux sont hébergés au pré la majorité du temps, consiste à prendre en compte les effets bénéfiques de certaines herbes et à les incorporer à la composition de la prairie lors du semis.

La composition de la prairie a son importance.

Énergie et alimentation

L'alimentation n'influe pas uniquement sur le physique de cheval, mais également sur son comportement. À l'état sauvage, les chevaux originaires de régions froides et inhospitalières sont le plus souvent d'un tempérament plus calme que ceux qui viennent de régions tempérées et fertiles. Les premiers doivent en effet se contenter du minimum et profiter du moindre surplus pour faire des réserves, tandis que les seconds disposent de réserves quasi inépuisables et peuvent se permettre d'utiliser leur énergie à des fins moins « terre à terre ». Les chevaux domestiques ont eux aussi des métabolismes légèrement différents selon les individus, certains (souvent les « sangs froids ») profitant d'un rien tandis que les autres ont besoin de plus. Il est alors parfois difficile d'équilibrer les rations afin d'obtenir un animal en bonne condition physique sans agir de façon néfaste sur son tempérament. C'est ainsi que beaucoup de chevaux de selle très « chauds » le seraient beaucoup moins si on leur donnait une alimentation moins riche en aliments concentrés (en particulier l'avoine), alors que d'autres, trop « mous » bénéficieraient au contraire de rations plus énergétiques.

Les besoins de chaque animal sont donc déterminés par le travail qu'il fournit et par son mode de vie, mais aussi par sa taille, son poids, sa morphologie et son type de métabolisme. Les poneys, par exemple, se contentent souvent de très peu d'aliments par rapport à un cheval de sang fournissant le même travail.

Les aliments concentrés ne doivent être considérés que comme un complément du fourrage et non l'inverse.

Évaluer ses besoins

Le calcul de la ration est difficile à faire par un novice et demande la prise en compte de nombreux éléments. Il est donc préférable de se faire conseiller par quelqu'un d'expérimenté. Les indications qui suivent présentent quelques exemples.

Cheval au repos
Fourrage : 70 à 100 % - Concentrés : 0 à 30 %
On choisira de préférence un aliment non chauffant adapté au repos ou au travail léger. Éviter l'avoine.

Chevaux d'élevage (jument pleine, étalon, jeunes...)
Fourrage : 50 à 100 % - Concentrés : 0 à 50 %
Aliment non chauffant. Le volume d'aliments concentrés dépend de la qualité et de la quantité de fourrage disponible, ainsi que du métabolisme particulier de chaque animal. Il existe des aliments complets spécialement formulés pour les chevaux d'élevage.

Travail léger (une promenade quotidienne ou exercice à allure lente)
Fourrage : 60 à 70 % - Concentrés : 30 à 40 %
Éviter l'avoine et les autres excitants. Un aliment complet de type « club » convient à ce genre de cas.

Aliment complet floconné.

Travail moyen (travail régulier aux trois allures une à deux heures par jour)
Fourrage : 50 à 60 % - Concentrés : 40 à 50 %
Opter pour un aliment complet « club » ou un mélange orge-avoine par exemple.

Travail soutenu (compétition : obstacle...)
Fourrage : 40 à 50 % - Concentrés : 50 à 60 %
L'aliment concentré représente un apport important. Choisir un mélange complet spécialement adapté à un travail soutenu.

Granulés.

Travail intense (compétition de haut niveau : endurance, courses, CCE...)
Fourrage : 30 à 40 % - Concentrés : 60 à 70 %
Pour un travail intense, on peut donc arriver à un volume d'aliment complet concentré ou de grain (avoine, orge, maïs) nettement supérieur au volume de fourrage. Choisir un aliment spécialement adapté à la compétition sportive.

Le pourcentage de foin dans l'alimentation dépend du mode de vie du cheval.

Manger pour passer le temps

Si une alimentation trop pauvre en fourrage n'est pas souhaitable pour des raisons de santé, elle est également nocive au point de vue comportemental. Une litière de paille, du foin à volonté et un bloc de sel à lécher représentent en effet bien plus que du « lest » et des compléments alimentaires : ils aident le cheval à passer le temps sans prendre de mauvaises habitudes, en lui permettant un mode d'alimentation proche du naturel.

La litière n'est pas seulement une surface sur laquelle se coucher. Elle a son rôle à jouer au niveau alimentaire.

C'est surtout parce que l'alimentation et la recherche de nourriture occupent la grande majorité des journées d'un cheval libre qu'il faut tâcher, dans la mesure du possible, de recréer ce même mode d'alimentation à l'état domestique. Un cheval qui ne peut pas mâchonner du foin ou de la paille pour occuper ses journées s'ennuie en attendant ses deux ou trois repas. Il a alors tendance à utiliser son énergie pour des activités de substitution non souhaitables, qui peuvent se transformer en stéréotypies (voir page 90). De plus, l'animal se trouve dans une situation anormale pour lui : avoir l'estomac plein trois fois par jour et complètement vide le reste du temps. Sa faim seule peut suffire à créer un malaise qui mènera à des tics, à une apathie chronique, ou à une agressivité totalement atypique chez un animal au naturel pacifique.

Dans la nature, le cheval passe le plus clair de son temps à brouter.

Des règles à respecter

■ Des habitudes à ne pas bouleverser

Le cheval est un animal routinier, qui prend vite des habitudes, bonnes ou mauvaises. Dans la nature, son existence est réglée par le reste du groupe et les diverses activités de la journée se répètent quoti-

diennement aux mêmes heures, avec une variation selon les saisons. En été, par exemple, le groupe se déplace à la fraîche, se repose pendant la nuit et aux heures les plus chaudes, se rend au point d'eau tous les jours au coucher du soleil, etc.

Le cheval domestique a d'autant plus besoin de repères qu'il ne dispose pas toujours d'un troupeau avec qui partager ses activités. S'il n'a droit qu'à deux ou trois rations par jour, même si celles-ci sont complétées par un apport de fourrage à volonté, il lui faut recevoir ces repas à heure fixe, pour ne pas être per-

Les repas du cheval domestique doivent être distribués à horaire régulier.

turbé. Son estomac apprend à attendre la ration de concentrés à certaines heures, et tout changement est facteur d'inconfort (faim notamment, mais aussi énervement, voire inquiétude). Toute évolution dans le mode d'alimentation se doit d'être progressive, afin de permettre à l'animal de s'y adapter physiquement (système digestif) mais aussi mentalement.

■ La hiérarchie fait loi

Outre les habitudes, il faut également penser à prendre en compte les problèmes de hiérarchie au sein d'un groupe de chevaux. Dans la nature, les dominants n'hésitent

pas à repousser leurs subordonnés si ceux-ci ont le nez dans une touffe d'herbe appétissante. Le plus faible n'a alors qu'à se déplacer vers une autre touffe d'herbe et le

Comme le reste des activités du cheval, l'alimentation est réglée par une certaine hiérarchie.

Pour éviter les rivalités aux heures des repas, mieux vaut enfermer ou attacher les chevaux.

problème est réglé. Les chevaux domestiques ont les mêmes réflexes mais la nourriture n'est donnée qu'en quantité contrôlée. Il est donc important de s'assurer qu'au pré ou en stabulation, chaque cheval puisse consommer la totalité de sa ration. Sans surveillance, les plus faibles se voient bien souvent voler leur « picotin » par les dominants et une surveillance insuffisante ne fait que les exposer à des représailles. En effet, si on ne respecte pas l'ordre hiérarchique et que l'on tente de nourrir un subordonné avant son leader, ce dernier risque de s'en prendre à celui qui a osé manger avant lui !

L'idéal est alors d'attacher les chevaux pendant leurs repas (ou de les nourrir au box s'ils passent une partie de leur temps à l'écurie). Dans le cas où cette solution n'est pas envisageable, il faut respecter l'ordre hiérarchique au moment de la distribution, espacer les seaux ou les tas d'aliment de plusieurs mètres, et rajouter un ou deux tas éloignés destinés aux subordonnés chassés de leur repas (mais cela n'empêche pas les dominants de manger plus que leur part !) Alternativement, on peut s'arranger pour ralentir les dominants (en mettant quelques grosses pierres, un bloc de sel ou du foin haché dans leur seau), afin qu'ils ne terminent pas leur ration les premiers.

Si le cheval ne dispose pas d'un pré, rien n'empêche son cavalier de l'amener brouter en main.

Les troubles alimentaires

Une mauvaise alimentation peut entraîner des troubles graves, mais aussi nombre de comportements indésirables, dont le déclenchement est parfois difficilement repérable. Par exemple, les chevaux ont souvent tendance à grignoter le bois occasionnellement, mais un cheval qui ronge constamment son box ou sa barrière doit être surveillé. Outre les dégâts matériels évidents, il risque de s'abîmer les dents, voire de se blesser avec une écharde. Certains chevaux lèchent constamment les murs ou mangent de la terre. Les causes de ces désordres sont variables et il est possible qu'un complément alimentaire aide à résoudre le problème. Dans beaucoup de cas, toutefois, le trouble est causé par l'ennui, et peut être supprimé si l'on propose au cheval d'autres choses à grignoter. De même, la coprophagie (cheval qui mange du crottin) n'est probablement pas uniquement un signe de déficience en minéraux et nutriments, même si des observations ont montré que cette mauvaise habitude existait chez les chevaux sauvages.

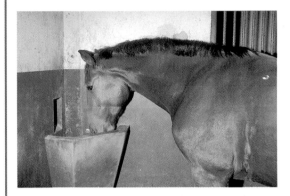

Enfin, il faut noter qu'en raison de son mode d'alimentation naturel, le cheval a tendance à avaler tout ce qu'il peut, quelle que soit la nourriture qu'on lui propose. C'est pourquoi il est indispensable de garder les réserves d'aliments à l'abri d'une éventuelle visite : un cheval échappé ne doit pas y avoir accès sous peine de coliques graves ou de fourbure ! Si le cheval est naturellement herbivore, ça ne veut pas dire qu'il ne s'est pas adapté à d'autres types d'aliments. Outre le grain, le pain et le sucre, les « succulents » et autres biscuits pour chevaux sont couramment utilisés comme récompenses ou complément. Devenu gourmand, le cheval réagit très bien au dressage par la nourriture et sera, par exemple, beaucoup plus facile à attraper au pré s'il a l'habitude de recevoir une friandise quand on va le chercher. Le revers de la médaille, c'est que trop ou mal utilisées, les friandises peuvent être mauvaises pour la santé et donner de mauvaises habitudes. Véritable enfant gâté, le cheval risque en effet de se mettre à réclamer ce qu'il considère comme un dû et non plus comme une récompense. Résultat, il fouille dans les poches, bouscule et mord quiconque s'approche de lui ! Il faut donc éviter d'abuser des friandises, une caresse étant bien souvent tout aussi appréciée.

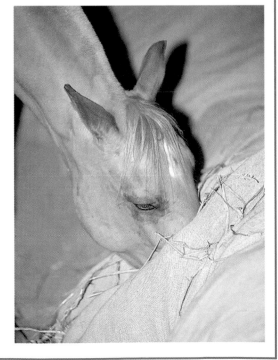

Les troubles du comportement

Les stéréotypies

■ Un trouble à ne pas prendre à la légère

Un cheval qui s'ennuie ou qui souffre du stress causé par un mode de vie mal adapté à ses besoins a souvent tendance à développer des activités de substitution que l'on appelle des stéréotypies ou tics. Ces mauvaises habitudes, acquises progressivement, sont extrêmement difficiles à faire passer lorsqu'elles sont ancrées. Il est donc toujours préférable de prévenir leur apparition plutôt que de tenter de les guérir. D'autant plus que si ces manies sont dans le meilleur des cas agaçantes, elles sont la plupart du temps nuisibles à la santé du cheval (usure des dents, fatigue, etc.), sans parler des dégâts matériels !

Un cheval tique parce qu'il s'ennuie, souvent parce qu'il est seul sans possibilité de contact avec ses congénères. Certains chevaux ne supportent pas les constantes allées et venues devant la porte de leur box, d'autres au contraire rêveraient d'un peu plus d'animation, certains ne sortent pas assez et « passent leurs nerfs » de cette façon, d'autres enfin manquent tout simplement de compagnie. Un cheval qui tique est un animal malheureux, qui n'a pas eu droit à une existence satisfaisante.

Les stéréotypies sont généralement l'apanage des chevaux à l'écurie.

■ Les tics les plus courants

Un cheval tique habituellement à l'écurie, mais une fois l'habitude prise, il peut parfois le faire également au pré ou au paddock. On rencontre de nombreuses stéréotypies différentes : le cheval peut avaler de l'air (tic à l'appui ou à l'air), se balancer constamment d'un pied sur l'autre (tic de l'ours), ronger son box (tic rongeur)…

Le tic à l'appui est un des plus courants. L'animal prend appui sur une surface dure avec ses incisives et aspire de l'air en faisant un bruit caractéristique. Lui ôter tout point d'appui est difficile et ne l'empêche pas toujours de tiquer : certains chevaux apprennent vite à tiquer à l'air, c'est-à-dire en relevant la tête et en avalant de l'air sans

Une fois bien ancré, un tic
est difficile à faire passer
et il peut perdurer même si l'animal
est au pré.

s'appuyer sur quoi que ce
soit.

Le tic de l'ours est également assez fréquent et on
peut aisément décomposer
les faits qui ont mené à son
apparition : le cheval a du mal à supporter la
vie en box et l'inactivité. Il commence par passer ses journées à regarder dehors puis, pour
passer le temps, se met à se balancer d'un pied
sur l'autre comme s'il marchait sur place. Son
propriétaire tente parfois de lui faire passer

Le cheval qui « tire au renard »

Lorsque le cheval a tendance à tirer violemment en arrière quand il est attaché, on dit qu'il « tire au
renard ». Cas typique du cheval qui panique et ne supporte pas l'attache, c'est une habitude dangereuse,
l'animal risquant de se retourner et de retomber brutalement, se blessant souvent gravement. Un patient
apprentissage est nécessaire pour apprendre au cheval à accepter l'attache : il faut qu'il comprenne
qu'il ne risque rien alors que son instinct lui commande de refuser tout ce qui peut l'empêcher de fuir.
En outre, le cheval est un animal dont le réflexe premier est de résister à toute traction ou pression en tirant
ou poussant dans le sens opposé.
Cette « manie » est liée à une peur instinctive du point fixe : incapable de fuir (première défense naturelle),
le cheval se sent pris au piège, à la merci de tous les dangers, et panique, tentant par tous les moyens
de se libérer. Quelques astuces peuvent cependant améliorer la situation lorsque l'habitude est ancrée :
– Attacher le cheval avec deux longes (une de chaque côté du licol), fixées à deux anneaux latéraux.
– Attacher la longe à une boucle de ficelle à ballots, elle-même fixée à l'anneau d'attache et qui se rompt
si le cheval tire fort.

– Faire coulisser la longe dans l'anneau et attacher
à son extrémité un objet très lourd.
– Utiliser une longe en caoutchouc élastique
pour éviter la sensation de point fixe.
– Attacher le cheval à un anneau situé en hauteur
pour lui enlever sa force de traction.
Tirer au renard est, a priori, une réaction normale
pour une proie comme le cheval. Toutefois, comme
pour les dérives comportementales, c'est la prévention
qui est la meilleure politique. On apprendra donc
très tôt au poulain à se tenir tranquille à l'attache,
en ne lui donnant pas l'occasion de se sentir piégé.

cette habitude en mettant une grille à la porte de son box. Le pauvre animal se résout alors souvent à se balancer à l'intérieur de son box comme un ours en cage, sans même regarder dehors pour se distraire.

■ Les remèdes

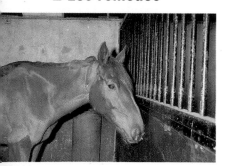

La plupart des « recettes » antitics ne font que traiter les symptômes sans toucher à la cause profonde.

Il existe donc de nombreux tics plus ou moins préjudiciables à la santé du cheval et de nombreuses manières de les combattre. Dans l'ensemble, les moyens les plus couramment utilisés ne sont ni plus ni moins que des méthodes de contention. On empêche mécaniquement le cheval de tiquer. Collier antitiqueur pour le cheval qui avale de l'air, suppression des points d'appui, grille en « V » contre le tic de l'ours, produits répulsifs contre le tic rongeur, voire box électrifié ! Mais outre leur aspect contraignant, ces méthodes ont l'inconvénient de n'être que temporaires : on ne supprime pas la cause, on ne supprime que le symptôme et le cheval recommence son manège à la première occasion. Il vaut donc bien mieux trouver la cause du problème (ennui, stress), et tenter de la supprimer ou au moins de l'atténuer. Selon son tempérament, on choisira pour son cheval un endroit calme ou, au contraire, bouillonnant d'activité. On lui permettra le contact avec ses congénères et, éventuellement, la compagnie d'un autre animal (lapin, poule, chèvre…), ainsi que de fréquentes visites « de courtoisie ». On s'efforcera de lui proposer des séances de travail courtes et fréquentes, variées dans leur contenu. On le laissera se défouler en liberté en paddock ou en manège aussi souvent que possible et on lui offrira régulièrement des séjours au pré avec ses congénères. L'utilisation de jouets individuels ou collectifs est également une bonne idée. Bref, avant d'avoir recours à des modes de contention qui ne font qu'amplifier le malaise de son cheval, mieux vaut essayer d'améliorer son mode de vie afin de le rendre heureux !

Une ouverture sur l'activité extérieure est un minimum à offrir aux chevaux en captivité.

L'agressivité et la rétivité

À l'état sauvage, le cheval est habituellement assez pacifique. La structure sociale bien hiérarchisée permet en général d'éviter les conflits, qui se résolvent le plus souvent après une simple menace. Malgré cette nature paisible, il arrive pourtant que certains sujets deviennent agressifs. Menaçants, ils « passent à l'acte » dès que quelque chose les contrarie. Ils ne respectent pas l'homme, mordent, bottent, chargent, bref, ils deviennent franchement dangereux.

Le cheval est d'une nature plus défensive qu'agressive.

■ Poser des règles dès le départ

C'est dès son jeune âge que le poulain apprend le respect d'autrui. Ses exubérances sont tolérées par les membres du groupe jusqu'à un certain point… et jusqu'à un certain âge ! Un poulain trop entreprenant est bien vite remis « au pas » par ses aînés et apprend ainsi où se trouvent les limites à ne pas dépasser. Chez les chevaux domestiques, le système est plus complexe. On demande en effet au poulain de respecter les autres chevaux, mais aussi (et surtout) les êtres humains. C'est donc très tôt qu'il devra être mis en contact avec l'homme, sans toutefois être séparé de sa mère ni de son groupe, afin qu'il ne se prenne pas pour un être humain. Ce que l'on passe à un jeune poulain sous prétexte que ce n'est qu'un bébé risque fort de persister à l'âge adulte et de le rendre difficile. C'est ainsi que nombre de chevaux agressifs sont paradoxalement des « poulains gâtés » et non des chevaux sauvages qui auraient connu l'homme trop tard.

La domestication peut donc parfois avoir des effets très néfastes. Né pour les grands espaces et la liberté, le cheval n'est absolument pas adapté à une vie entre quatre murs. Faute d'exercice et de stimulations suffisantes, son caractère si doux au départ peut tourner « au vinaigre »… D'autre part, ses relations avec l'homme peuvent dégénérer si les bases de l'éducation sont mauvaises ou si les premiers accès de mauvaise humeur n'ont pas été contrôlés à temps. Un cheval qui apprend

C'est dès son jeune âge que le poulain apprend à bien ou mal se comporter.

Un cheval qui apprend qu'une défense lui permet de gagner la partie en profitera à la première occasion.

qu'une ruade met inévitablement son cavalier à terre ou que celui-ci abandonne la partie à la moindre levade apprend que la désobéissance est payante. De plus, si l'éducation est mal menée et que les exercices demandés sont trop difficiles, inconfortables (voire douloureux !) ou pire, si l'animal ne comprend pas ce qu'on lui demande et reçoit de ce fait des punitions injustifiées, le stress de la situation l'amènera à avoir recours de plus en plus souvent à la violence, ce qui mène bien vite à un cercle vicieux très difficile à rompre. C'est en proposant au cheval domestique un environnement proche de son milieu naturel, de nombreux contacts avec ses congénères, une multitude de stimulations et un travail progressif avec un cavalier « sévère mais juste », que l'on évite la dérive de son comportement vers une agressivité toujours dangereuse.

■ Reconnaître la menace et l'agressivité

La menace est une des attitudes les plus facilement reconnaissables chez le cheval. L'animal plaque ses oreilles en arrière, fronce ses naseaux, crispe ses lèvres ou ouvre carrément la bouche, découvrant ses dents. Il projette en avant sa tête et son encolure pour montrer qu'il est prêt à mettre sa menace à exécution si besoin est. S'il préfère user de ses sabots, il tourne la croupe vers l'importun, fouaille de la queue et soulève un postérieur, prêt à frapper.

En général, un cheval brutal ou irrespectueux sera plus facile à monter qu'à mener ou à aborder. Toutefois, dans certains cas extrêmes, il peut se révéler être une monture très dangereuse. Le cheval « vicieux » tentera par tous les moyens de se débarrasser de

La méfiance se manifeste souvent
par des mouvements d'oreilles vers l'arrière.

Attentif, ce cheval
reste sur ses gardes.

son cavalier : ruades, cabrades (jusqu'à se retourner et se laisser retomber en arrière sur lui), morsures, tentatives de roulades, reculer dans les branches, tout est bon. Il peut aussi longer les arbres (ou le pare-bottes) de très près afin d'y coincer la jambe de l'homme qui ose le monter. Bref, un cheval avec un tel comportement est un danger public qui ne doit en aucun cas être confié à un jeune cavalier ou à un débutant. Une sérieuse rééducation est nécessaire afin que le rebelle apprenne (ou réapprenne !) à respecter les humains. C'est dans beaucoup de cas un véritable retour aux bases du dressage qui est nécessaire. Il ne s'agit surtout pas de le frapper ni de le brutaliser, mais simplement de lui faire comprendre qu'il n'obtiendra jamais ce

Un cheval difficile devrait toujours être confié à une personne expérimentée.

qu'il veut en se comportant de façon agressive et que c'est en se pliant à la volonté de son cavalier qu'il sera récompensé.

L'apathie et l'hébétude

Faute de stimulations régulières, le cheval peut sombrer dans l'apathie.

Le cheval est adapté à une vie dans de grands espaces, entouré de ses congénères. Dans la nature, il passe ses journées à se déplacer de touffe d'herbe en touffe d'herbe et à s'ébattre avec les autres chevaux. La vie du cheval domestique est souvent bien différente, ce qui amène notre plus belle conquête à s'ennuyer et à prendre de mauvaises habitudes. Ne dit-on pas que l'oisiveté est mère de tous les vices ?

■ Les premiers symptômes

L'ennui du cheval se traduit tout d'abord par une attitude de plus en plus abattue. Il ne s'intéresse à rien et garde un air perpétuellement morose. Tête basse, yeux mi-clos, naseaux légèrement froncés, il semble résigné à son sort de cheval prisonnier. Pour qu'il retrouve sa joie de vivre, il faudrait qu'il puisse se distraire, au lieu de regarder sans cesse les quatre murs de son box en attendant sa ration de granulés, avalée en cinq minutes…

Les causes de stress

Un cheval sauvage peut bien sûr être stressé. Certaines choses peuvent l'inquiéter ou le rendre nerveux, mais son tempérament l'amène à fuir tout ce qui l'indispose et il mène en général une existence assez sereine. Le cheval domestique, lui, n'a pas la possibilité de choisir son mode de vie ni son environnement. C'est ainsi que son comportement peut être affecté par le stress.

Un cheval stressé ne parvient pas à se détendre et se sent continuellement agressé ou menacé. Constamment nerveux et sur le qui-vive, il choisit bien souvent de se rebiffer en se montrant agressif, préférant l'attaque à la défense forcée. Il est impératif d'éliminer en premier lieu la cause du stress avant d'espérer guérir le cheval de mauvaises habitudes. Le stress chez le cheval est souvent lié à la peur. Un cheval entouré d'éléments effrayants pour lui sera stressé s'il n'a pas la possibilité de s'y soustraire. Par exemple, un cheval que l'on place à proximité d'une porcherie alors que l'odeur l'inquiète risque de développer un stress important avant de s'habituer à cette compagnie indésirable pour lui, en particulier s'il est seul ou entouré d'autres chevaux inquiets. De même, un animal amené à vivre dans un environnement bruyant et agité alors qu'il a l'habitude du calme de sa prairie peut présenter des comportements violents ou hyperactifs liés à son angoisse de la situation. Le cheval est un animal grégaire, mais toute compagnie n'est pas bonne à prendre, en particulier si l'espace où évoluent les chevaux est assez réduit. Dans la nature, deux animaux qui ne s'entendent pas ont tout le loisir de s'éviter, ce qui n'est pas possible s'ils sont enfermés ensemble.

Un cheval brutal ou agressif peut rendre l'existence d'un compagnon de pré proprement invivable, celui-ci ne pouvant se soustraire à son influence en s'éloignant de lui. De telles relations mènent vite à un état de stress permanent qui peut avoir autant d'effets nocifs sur l'animal que les agressions elles-mêmes. Un cheval peut également être stressé quand il est monté. Les causes sont alors souvent les mêmes : proximité d'un « ennemi », passage dans un endroit effrayant, douleur chronique, etc. Un cheval qui trottine constamment, qui piaffe à l'arrêt ou qui secoue la tête de manière répétée est probablement stressé. Une modification de ses conditions de vie et de travail, la patience de cavaliers compréhensifs et la compagnie de chevaux avec lesquels il s'entend bien, ainsi que de longues périodes de liberté surveillée peuvent aider à remédier à la situation.

Il n'y a pas qu'à l'écurie que les chevaux peuvent s'ennuyer. Certains s'ennuient au pré lorsqu'ils sont seuls, d'autre au travail, quand on leur propose un train-train monotone. Ils gardent la tête basse et inexpressive, traînent les pieds, allant souvent jusqu'à trébucher : ils ne semblent pas très absorbés par les demandes de leur cavalier.

■ Une seule solution : la prévention !

Comme les humains, les chevaux ont besoin, même dans le travail, de se changer régulièrement les idées. Une reprise comportant des exercices variés, présentés d'une manière ludique, est bien plus intéressante pour eux (et pour leurs cavaliers) qu'une répétition ininterrompue des mêmes figures. Une promenade de temps en temps permet également à tout le monde de reprendre goût au travail !

Le cheval est un animal grégaire : la compagnie de ses semblables (ou éventuellement d'un autre animal) est indispensable à son bien-être.

Pour éviter la lassitude, mieux vaut varier les séances de travail.

C'est aussi une créature éprise de liberté : il doit pouvoir s'ébattre régulièrement dans de grands espaces. Dans la nature, il passe le plus clair de son temps à manger : du fourrage à volonté l'aide à tromper son ennui. Et s'il reste longtemps seul au box, les visites régulières et amicales de son cavalier, ainsi que l'accès à des jouets adaptés lui permettent de garder le moral en attendant de pouvoir se défouler avec ses congénères.

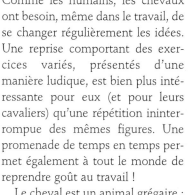

Une promenade en bonne compagnie permet de rompre le train-train quodition et de détendre cheval et cavalier.

Les défenses

Pour survivre, le cheval sauvage se doit d'être toujours aux aguets, tous ses sens en alerte. En cas d'attaque d'un prédateur, sa réaction habituelle est la fuite. Il arrive toutefois qu'il ait à se défendre, notamment contre des congénères un peu trop entreprenants ou agressifs, ou si la fuite lui est impossible lors d'une attaque.

■ Face à un congénère ou un prédateur

Un cheval qui se sent agressé par un congénère réagit souvent en couchant les oreilles pour montrer sa désapprobation. Tout dépend ensuite de la nature de l'agression et du statut social de l'agresseur et de l'agressé ! Un dominant répondra par une menace,

Les sens du cheval sauvage sont toujours en alerte.

découvrant les dents et fronçant les naseaux pour intimider l'importun. Un dominé se contentera de s'éloigner, se soumettant ainsi à la demande de son « supérieur ». Dans un cas comme dans l'autre, les couinements outrés ne sont pas rares.

Le cheval considère son environnement immédiat comme sa « bulle » personnelle. Il n'accepte une entrée dans cette zone que lorsqu'il est approché par un ami. Dans le cas contraire, il s'éloigne ou chasse l'importun. Dans le cas de l'intrusion dans sa « bulle » d'un congénère qu'il apprécie peu, la réaction initiale d'un cheval à la surprise est la fuite en avant, queue plaquée, croupe rentrée comme pour donner le moins de prise possible à une attaque. Une fois l'agresseur identifié, le dominé s'éloigne en baissant la tête et en couchant les oreilles, parfois en feintant une riposte : naseaux froncés, il secoue la tête l'air dégoûté comme pour dire « Si j'osais, je te mettrais une bonne raclée… » Le dominant, lui, ne s'en laisse pas compter et la riposte est immédiate : il tourne les fesses vers l'agresseur, menaçant de lui donner quelques coups de pieds.

Si rien n'y fait et que l'agresseur (cheval ou fauve !) persiste à poursuivre sa « proie », celle-ci n'a d'autre choix que de mettre ses menaces à exécution. Son arme la plus efficace : les sabots de ses postérieurs. Rien de tel qu'un bon coup de pied pour remettre les idées en place ! Qu'il s'agisse d'un étalon un peu trop entrepre-

De son passé d'animal-proie, le cheval a gardé un naturel méfiant.

nant, d'un compagnon de pré agressif ou d'un chien dont l'instinct de poursuite s'est réveillé, une ruade énergique permet bien souvent de mettre fin aux hostilités. Dans le cas d'un animal plus petit que lui, le cheval se sert aussi de ses dents et de ses antérieurs pour tenter d'éloigner son agresseur, qu'il peut aller jusqu'à piétiner en cas de panique extrême.

■ Face à l'homme

On parle souvent de « défenses » à propos d'un cheval monté. Contre quoi se défend-t-il puisqu'il n'est, *a priori,* pas agressé ? En fait, on dit qu'un cheval se défend quand il résiste à une demande de son cavalier, quand il refuse d'obéir en réagissant parfois violemment (cabrades, ruades, sauts de moutons…). S'il est courant que le cavalier se fâche, allant jusqu'à corriger l'animal qui lui a fait l'affront de désobéir, c'est pourtant rarement la bonne solution, la mauvaise volonté pure étant somme toute assez rare. En effet, dans beaucoup de cas, un cheval qui résiste le fait pour une des raisons suivantes : soit il ne comprend pas ce qu'on lui demande, soit l'exercice demandé lui est

inconfortable ou douloureux (manque de souplesse, de condition physique, blessure…) ou encore angoissant (s'éloigner de ses congénères, s'approcher d'un objet qui l'effraie…). La brutalité ne fait alors qu'augmenter sa crainte, qui peut parfois dégénérer en véritable panique. Il arrive alors que l'animal tente de se débarrasser de son cavalier par tous les moyens possibles, comme s'il avait affaire à un fauve agrippé à son dos. Il est donc plus judicieux de tenter de comprendre la véritable raison du refus avant de corriger un animal qui, s'il souffre ou a peur, n'en sera que plus paniqué.

Pour le cheval, l'homme est parfois similaire à un fauve grimpé sur son dos !

Communiquer avec son cheval

Lorsque l'on souhaite
se rapprocher des chevaux
et s'en faire comprendre,
le plus efficace
est de savoir parler
leur langage.
L'homme peut en effet
sans mal apprendre
à « parler » avec le cheval
en utilisant ses propres
modes de communication.

Les bases de l'apprentissage

Apprendre à apprendre

■ Écouter son cheval

Éduquer un cheval, c'est savoir se mettre à sa hauteur, raisonner comme lui jusqu'à anticiper ses réactions face à une situation (ou à une demande) donnée.

C'est à l'homme d'apprendre comment « parler cheval » et non le contraire.

Beaucoup de problèmes comportementaux et relationnels pourraient notamment être évités si l'homme n'avait pas une tendance poussée à l'anthropomorphisme. Vouloir donner à son cheval ce que l'on voudrait soi-même part d'un bon sentiment, mais ce n'est pas la meilleure manière de procéder si l'on souhaite vraiment le rendre heureux. De la même façon, la communication homme-cheval doit se faire autant que possible en « langage cheval ». Ce n'est pas tant à l'animal d'apprendre à interpréter les réactions humaines, qu'au cavalier de savoir s'adapter à son cheval. Pour tirer le maximum de sa relation avec un animal aussi différent de l'homme, rien ne vaut donc une étude poussée de son comportement dans les livres, mais aussi et surtout sur le terrain.

■ L'imprégnation et les réflexes conditionnés

Si le poulain naît avec un certain nombre de caractères innés, il n'en commence pas moins à apprendre de nouvelles choses dès qu'il a vu le jour. Sa mère l'influence beaucoup, c'est avec elle qu'il apprend, par incitation ou imitation, à choisir les aliments qu'il peut manger, les animaux qu'il faut fuir ou accepter et même les membres du groupe qui sont « fréquentables » ou non. C'est en se basant sur ce principe d'apprentissage précoce qu'un vétérinaire américain nommé Robert Miller a créé la technique d'imprégnation qui porte son nom (voir encadré page 122). Celle-ci consiste à mettre le poulain nouveau-né en contact avec un maximum de sensations et d'objets

C'est dès son jeune âge que le poulain
doit s'habituer à l'homme.

qu'il sera amené à côtoyer à l'âge adulte, afin d'éliminer toute sensation de peur ou de rejet plus tard.

Outre l'influence de sa mère, c'est la curiosité du poulain qui l'amène à découvrir ce qui est bon ou mauvais pour lui. On parle alors le plus souvent de réflexes conditionnés : une action qui a provoqué une sensation agréable (choix d'une plante comestible au goût savoureux, par exemple) est plus susceptible d'être reproduite qu'une autre, ayant eu une influence désagréable (approche d'un cheval agressif).

■ Le renforcement positif

La notion de réflexe conditionné est à la base de la plupart des méthodes d'apprentissage humaines : l'animal fait ce qu'on lui a demandé, on le récompense, s'il désobéit, on le réprimande, jusqu'à obtenir la bonne réponse à chaque demande.

En fait, les études ont montré que les méthodes basées sur le renforcement positif étaient plus efficaces que celles qui se basent sur le renforcement négatif. En clair,

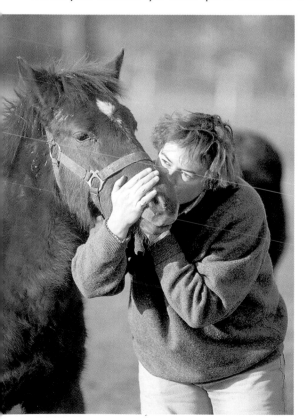

l'animal réagit plus positivement à la carotte qu'au bâton ! La méthode idéale d'apprentissage est donc basée sur le principe de la « carotte ou pas de carotte » : une réaction correcte amenant une récompense, tandis qu'une réponse non souhaitée n'amène rien du tout. L'animal apprend rapidement à rechercher les actions qui lui procurent une récompense et à les répéter. Cette récompense peut être de multiples natures. Friandise, caresse, mot d'encouragement, ou tout simplement arrêt du travail. En pratique, plus l'exercice demandé est difficile, plus la récompense doit être importante.

Les récompenses ont un effet
plus durable que les punitions.

L'inné et l'acquis

Tous les animaux, dont l'homme, font appel quotidiennement à des réflexes innés (souvent qualifiés d'instinctifs), ainsi qu'à des réponses acquises (on parle alors d'éducation ou d'apprentissage).

Il est parfois assez difficile, dans une situation donnée, de déterminer quelle est la part d'inné et d'acquis qui explique un comportement. En fait, les deux facteurs se combinent le plus souvent, l'apprentissage venant affiner des réactions instinctives.

Même à l'état domestique, le cheval est un animal qui réagit très souvent par instinct. Son origine d'animal-proie lui vaut d'avoir gardé un très fort instinct de conservation. Il sait naturellement utiliser ses sens aiguisés pour percevoir d'éventuels dangers, et sa réaction instinctive en cas d'inquiétude est la fuite. D'autres instincts sont restés très forts chez le cheval domestique : l'instinct grégaire, l'instinct sexuel, l'instinct maternel de la jument, etc. On a souvent l'impression que les grands cavaliers et les dresseurs ont tout appris à leurs chevaux. En fait,

dans la majorité des cas, ils ne font qu'exploiter les capacités naturelles de l'animal, qui reproduit des mouvements qu'il effectuerait seul dans certaines situations (jeu, cour amoureuse, combat, etc.). Le talent du dresseur consiste à apprendre au cheval à effectuer ces exercices sur demande et avec une précision accrue. Une seule allure est réellement artificielle et totalement apprise par dressage : c'est le galop à reculons, qui n'est d'ailleurs enseigné que par un nombre très réduit de dresseurs. L'éducation du cheval doit toujours prendre en compte ses caractères innés. Quel que soit son niveau de dressage, un cheval est toujours susceptible de prendre peur et de se laisser emporter par son instinct. Un bruit soudain, un mouvement rapide perçu du coin de l'œil, une odeur inhabituelle, et c'est l'instinct de fuite qui prend le dessus sur des années de patient dressage !

C'est grâce à une longue mise en confiance et à une éducation toute en douceur que l'on arrive à repousser le seuil de réactivité de cet animal dont les nerfs sont souvent à fleur de peau. C'est ainsi qu'on obtient des chevaux de cascade ou de cirque qui n'ont peur de rien… ou presque !

Savoir observer

Une bonne observation permet généralement de prévoir les réactions de son cheval.

La tête et l'encolure servent notamment à repousser un subordonné.

Comme nous l'avons vu dans les chapitres précédents, la communication visuelle (et donc gestuelle) est extrêmement importante chez le cheval. Toutes les parties du corps peuvent, ensemble ou séparément, faire passer des messages qui sont immédiatement compris par les autres membres du groupe.

Lorsqu'on souhaite apprendre à communiquer plus efficacement avec les chevaux, il est essentiel de savoir interpréter leur langage corporel et s'en inspirer pour « parler » avec eux. Ce qui suit est une tentative de description des différents messages transmis par chacune des parties du corps du cheval, mais il faut bien entendu savoir que le meilleur indicateur de l'humeur d'un équidé est son attitude générale.

La tête et l'encolure : Dans l'ensemble, on peut distinguer deux types de mouvements de la tête et de l'encolure : les gestes lents et doux sont plutôt des signes d'affection tandis que les mouvements rapides et plus appuyés montrent l'irritation et la dominance. L'étalon, par exemple, se sert de grands coups de tête pour rassembler ses juments en cas de danger. Deux chevaux qui s'entendent bien peuvent parfois se donner de petits coups de tête avant d'entamer une séance de pansage mutuel.

Les oreilles (voir encadré page 46) : Elles sont très parlantes et ce sont leurs mouvements que le débutant apprend le plus rapidement à interpréter. Pointées, elles dénotent l'attention, plaquées contre l'encolure, la menace, relâchées sur le côté, le manque d'attention ou l'assoupissement.

Les naseaux : Dilatés, les naseaux montrent l'excitation, la peur ou l'attention. Froncés, ils indiquent l'irritation, la menace ou le dégoût. Détendus, ils sont signe de relâchement général.

La bouche : Elle est extrêmement mobile et peut donner toutes sortes d'indications. Elle sert en outre à remplacer nos mains pour gratter, toucher ou attraper. Les lèvres d'un cheval calme sont souples et détendues. La lèvre inférieure pend lorsque le cheval est endormi. Des lèvres crispées dénotent la tension (peur ou colère),

Les oreilles sont un indicateur facile à interpréter pour le débutant.

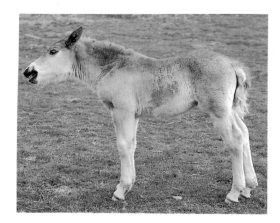

Les claquements de mâchoires du poulain montrent sa soumission face à un aîné.

et elles s'ouvrent, pour découvrir les dents, dans la phase de menace la plus poussée.

Le poulain claque des mâchoires pour montrer sa soumission, et la bouche s'ouvre entièrement lors du bâillement. Quant au flehmen, il fait remonter la lèvre supérieure par-dessus les naseaux.

Les membres : Ils servent beaucoup dans la communication gestuelle, mais aussi pour « tester » le terrain lorsque l'animal est inquiet. Un poulain que l'on embarque en camion pour la première fois, par exemple, aura tendance à donner de petits coups d'antérieurs sur le pont avant de s'y engager. Les antérieurs servent également à dégager l'herbe couverte de neige, à briser la glace sur un point d'eau, ou à aplatir les épines d'une branche avant d'y mettre la bouche.

Un cheval énervé ou en colère peut frapper le sol d'un antérieur (c'est souvent ce que fait un cheval agacé par les insectes, par exemple). Face à un cheval inconnu ou un peu trop entreprenant, il

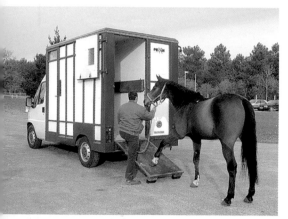

Les antérieurs du cheval lui servent notamment à tester le terrain.

Le corps tout entier donne des indications sur l'humeur du cheval.

est fréquent que l'animal donne de violents coups d'antérieurs en poussant des cris perçants pour indiquer à l'autre son souhait de ne pas aller trop loin.

Gratter le sol est une activité normale avant de se rouler mais un cheval qui gratte avec insistance peut souffrir de coliques. Enfin, les mouvements d'antérieurs peuvent être signe d'impatience, notamment chez le cheval domestique à l'heure des repas.

Les postérieurs, quant à eux, servent presque exclusivement à défendre ou à menacer. Un cheval tournera par exemple les fesses vers son agresseur, relevant un sabot postérieur, pour lui signifier que s'il n'abandonne pas tout de suite ses tentatives d'approche, il en sera quitte pour un bon coup de pied !

La queue : Relevée en panache, elle dénote l'excitation, la dominance ou l'attention soutenue. Plaquée contre la croupe, elle montre que l'animal est effrayé ou très soumis. Relevée de côté en découvrant la partie inférieure du couard, elle est signe d'inquiétude.

Communiquer par gestes

Si les sens du cheval sont tous en éveil lorsqu'il pressent un danger, c'est sa vue qu'il utilise le plus volontiers pour lire les intentions de ceux qui l'entourent. Il réagit au langage corporel, que celui-ci soit volontaire ou inconscient, et c'est pourquoi tout cavalier doit savoir contrôler ses mouvements et sa posture.

■ L'approche du cheval

Comme les autres animaux, l'homme modifie son attitude physique selon son état d'esprit. Quelqu'un qui se sent en confiance se tient droit sans être tendu et marche d'un pas assuré, alors qu'une personne inquiète aura tendance à être raide, à sursauter (même très légèrement) et aura facilement de légers mouvements de recul. Toutes ces subtilités sont immédiatement perçues par le cheval, qui y réagit selon son tempérament. En pratique, c'est souvent ce qui rend difficile l'approche d'un cheval au pré lorsqu'on veut l'attraper (et qu'on appréhende sa réaction), alors que le même cheval viendra de lui-même si l'on n'est venu que pour lui apporter quelques carottes et qu'on ne se soucie pas ou peu de son attitude.

Pour simplifier, on peut dire que des mouvements calmes et lents, des gestes larges et détendus ont tendance à apaiser l'animal, tandis que des mouvements

Les gestes ont une influence importante dans la communication homme/cheval.

Respecter sa « bulle »

L es éthologues utilisent fréquemment la métaphore de la « bulle » personnelle pour expliquer certains comportements sociaux. Ils considèrent que chaque individu est entouré d'une zone sensible plus ou moins grande, dans laquelle nul n'a la permission d'entrer sans y avoir été invité. Toute tentative d'approche de cette « bulle » par un individu de rang hiérarchique inférieur donne lieu à une menace ; la même tentative réalisée par un supérieur hiérarchique fait fuir le sujet.

Le cheval est un animal très sensible et sa « bulle » est un lieu sacré. Non seulement il ne veut pas qu'un autre individu y pénètre, mais la « bulle » d'un autre ne doit pas non plus le toucher ou rencontrer la sienne.

La « bulle » de chaque individu varie avec la forme de celui auquel elle appartient (celle d'un humain s'allonge si celui-ci étend le bras), mais aussi selon sa vitesse et son sens de déplacement (la bulle d'une personne ou d'un animal qui court s'allonge dans la direction qu'il suit).

rapides et saccadés l'effraient. De même, s'approcher franchement d'un cheval en le regardant peut être perçu comme une menace (signe de dominance). Pour le rassurer, on préférera des approches de côté, assez lentes, sans regarder l'animal directement mais plutôt en regardant au-delà de lui, comme si on comptait lui passer à côté sans s'arrêter.

En s'inspirant du principe de la « bulle » (voir encadré ci-dessus), on comprend que tout mouvement rapide aura tendance à inciter l'animal à fuir tandis qu'un déplacement lent, réduisant la « bulle » au minimum, permet une approche moins effrayante.

■ Le guidage par les gestes

C'est en jouant avec tous ces facteurs que l'on parviendra à repousser le cheval, à le faire approcher, tourner, accélérer ou ralentir à distance. Voici quelques exemples pratiques :

– Pour bloquer un cheval au galop ou lui faire faire demi-tour, il faut courir le plus vite possible en direction de son avant-main, en écartant les bras (ou en se faisant précéder d'une chambrière tendue).

L'homme peut tout à fait communiquer avec le cheval par les gestes et le contact.

**Des gestes brusques
incitent le cheval à fuir.**

– Pour ralentir un cheval affolé, il faut rester calme et ne surtout pas lui donner l'impression qu'on le poursuit.

– Pour repousser un cheval agressif ou brutal, on se sert de mouvements francs vers lui, en écartant les bras du corps et en se grandissant au maximum. C'est en quelque sorte l'attitude du cheval dominant.

– Pour inciter un cheval timide ou inquiet à s'approcher, on détourne le regard et on se tourne de trois quarts. En mouvement, on peut lui passer devant en suivant une diagonale, toujours en regardant au loin, les épaules plutôt basses et le pas lent. Se baisser (assis, à genoux ou accroupi) incite le cheval, curieux de nature, à s'approcher.

– Le cheval réagissant instinctivement en résistant contre toute traction ou pression continue, on l'attire ou on le repousse en utilisant des à-coups. Le tirer ou le pousser ne fait qu'augmenter sa résistance.

L'usage de la voix

Souvent dénigrée en équitation classique, la voix a pourtant un grand rôle à jouer et peut compléter (voir parfois remplacer) avantageusement les autres aides. Ses avantages sont multiples : elle est utilisable à distance autant qu'à cheval, ne contraint pas l'animal (qui ne s'en défend donc pas) et permet un éventail d'ordres très large, lorsqu'on combine des mots et des tons différents. En outre, elle fait appel à la compréhension du cheval et l'aide à développer son intelligence et ses capacités d'apprentissage bien plus que l'éperon ou la cravache !

Le langage corporel peut être utilement complété par l'utilisation de la voix.

■ Faire réagir le cheval à un ordre vocal

Pour apprendre un mot à sa monture, le principe est simple : utiliser ce mot chaque fois que l'animal est confronté à l'objet, la situation ou l'exercice auquel le mot se rapporte. Au début, s'il s'agit d'un ordre vocal, il ne faut pas s'attendre à ce que le cheval le comprenne. Il doit l'associer petit à petit aux autres aides (tactiles) jusqu'à y réagir sans leur intervention. On commence donc par prononcer l'ordre, d'un ton neutre, au moment ou les mains et les jambes demandent l'exercice, puis on fait précéder les aides tactiles de l'ordre vocal, jusqu'à se passer totalement des premières. Bien entendu, chaque refus d'exécution ramène à une utilisation des aides, tout ordre donné devant impérativement être exécuté. Dans cette optique, le cavalier doit surveiller ses paroles et ne prononcer les mots connus du cheval (ou en cours d'apprentissage) qu'à bon escient. C'est à ce prix que celui-ci apprendra à y réagir sans faille.

■ Quels mots apprendre ?

Les mots que le cheval peut apprendre sont nombreux, mais il vaut mieux faire preuve de méthode et de discernement dans leur choix. Tout d'abord, n'utiliser que

des mots suffisamment différents dans leur sonorité pour que le cheval puisse s'y retrouver facilement. Ensuite, se limiter à des mots d'une ou deux syllabes, suffisamment courts pour être dits rapidement et présentant une variété suffisante pour pouvoir proposer un large éventail de vocabulaire. Enfin, choisir des mots simples, sans être trop courants, afin d'éviter une utilisation « accidentelle ».

Le premier mot que l'on peut apprendre au cheval est son nom (ou son surnom), qui servira à l'appeler ou à capter son attention (voire à le rappeler à l'ordre). Pour ce faire, il faut utiliser ce nom dans des situations variées et agréables (lorsqu'on lui apporte sa ration, lorsqu'on va le chercher pour l'amener au pré, etc.). Ensuite, on peut enchaîner sur divers ordres : marche, trotte, galop, tourne, attends, viens, etc. Il est aussi tout à fait possible au

Le cheval est capable d'apprendre une multitude de mots différents. Aurait-il entendu « sucre » !

cheval de reconnaître des mots qui ne correspondent pas à des ordres : manger, carotte, voiture (sur la route), chien... ainsi que les noms d'autres chevaux, de personnes ou d'animaux qu'il connaît. Ces mots et ces noms peuvent servir à attirer son attention, à faire travailler sa mémoire, ou à le prévenir de l'arrivée d'un véhicule ou d'un animal qui risque de le surprendre.

■ Le ton de la voix

Il constitue également un outil important. C'est d'ailleurs sur lui que comptent beaucoup de cavaliers n'ayant pas appris de mots particuliers à leur monture. Par exemple, une voix sèche et ferme prononçant des mots brefs encourage le mouvement en

La voix est une aide précieuse à l'attelage.

avant, tandis que des mots longs prononcés d'une voix douce calment l'animal. Le ton de voix peut également être une récompense (ou une remise à l'ordre !) efficace. Il doit cependant être contrôlé et utilisé à bon escient : pas de cris si le cheval s'énerve ! Ceci n'est pas toujours très facile à réaliser, le ton de la voix comme le langage corporel changeant, bien souvent involontairement, sous le coup des émotions. C'est pour cela que l'apprentissage de mots distincts est bien plus intéressant que l'utilisation du ton seul : quelle que soit la situation (et le ton sur lequel le mot est prononcé), l'animal sait les reconnaître et y répondre.

Le ton de la voix a son importance,

en particulier lorsqu'il faut rassurer l'animal.

Chef ou ami ?

Le cheval est, dit-on, la plus belle conquête de l'homme. Domestiqué il y a environ 6 000 ans, il a dû apprendre à cohabiter avec l'être humain et à l'aider dans diverses tâches.

Domestiquer un animal ne signifie pourtant pas seulement lui apprendre à obéir, il faut surtout et d'abord le comprendre et savoir communiquer avec lui. Les meilleurs « hommes de cheval » ne sont pas ceux qui imposent leurs règles à leur monture, mais ceux qui communiquent avec elle en utilisant un langage qu'elle comprend. Ceux qui savent « parler cheval ».

Les relations dominant-dominé

L'homme doit savoir montrer sa dominance lorsque le besoin s'en fait sentir. Il serait en effet dangereux pour lui de se laisser menacer par un cheval ou un poney, qui pourrait d'un coup de dent ou d'un coup de pied (surtout s'il est ferré !) le blesser gravement.

Sensiblement inférieur au cheval en force et en volume, l'homme doit donc malgré tout apprendre à s'en faire respecter. Face à un animal bien plus fort que lui, il ne lui reste que le bluff et la communication visuelle, souvent utilisés par les équidés

S'il est agréable de considérer le cheval comme son ami, il est néanmoins indispensable d'obtenir son respect.

Le cheval peut parfaitement apprendre
à communiquer avec l'homme.

entre eux, et généralement très efficaces. Très sensible, le cheval réagit en effet très bien au langage corporel, même face à un animal de forme et de taille différentes aux siennes, à condition que ce langage soit similaire à celui qu'emploient les autres équidés. Il est donc inutile d'être de force supérieure : une bonne dose de confiance en soi et une connaissance des expressions et attitudes à adopter suffisent généralement à se faire respecter.

Pour se montrer imposant face aux équidés, l'attitude seule – épaules haussées, dos légèrement voussé, bras éloignés du corps – suffit en principe à repousser un cheval trop entreprenant, même si ce dernier est le « chef » dans son pré. Il n'ose alors pas s'approcher davantage, se sentant confronté à un être d'un rang hiérarchique supérieur au sien. L'usage de la voix, avec un ton sec et des mots courts peut venir compléter le langage corporel.

Savoir être ferme

La fermeté et l'autorité ne sont pas des qualités naturelles chez tout le monde ! Comme les animaux, les humains ont tous un tempérament plus ou moins affirmé et « dominant ». C'est ainsi que certains se font respecter sans effort et que d'autres se font constamment « marcher sur les pieds » par leurs semblables…

Pour dominer un animal quel qu'il soit, à plus forte raison un être aussi impressionnant que le cheval, les plus réservés auront bien entendu plus de mal que ceux chez qui l'autorité est innée. Il est toutefois possible de travailler ses capacités à se faire respecter, en particulier si l'on n'utilise que le langage corporel (le ton de la voix étant plus difficile à contrôler). Des règles simples (ne pas marcher sur les pieds ni bousculer l'homme au sol, ne jamais menacer, ne pas bouger au montoir ni précéder les ordres, etc.) permettent au cheval de garder l'habitude de respecter son cavalier ou son soigneur.

Les gestes et la voix permettent de montrer
au cheval qu'on le domine.

Inutile toutefois de tenter de se faire entendre lorsqu'on est envahi par la peur. À moins d'arriver à surmonter celle-ci, il serait en effet impossible de ne pas la laisser transparaître. Nombre de chutes de cheval sont ainsi liées à une peur incontrôlée perçue par l'animal.

■ Contrôler ses réactions

Être autoritaire ne signifie pas être un tyran ! Il est indispensable de contrôler ses réactions et de ne jamais punir sans raison. Les éclats de colère intempestifs ne font que troubler l'animal et, à la longue, lui font perdre confiance en l'homme, dont il apprend à ne plus respecter l'autorité.

Il ne faut surtout pas confondre autorité et brutalité. Les rapports cheval/cavalier doivent être principalement basés sur la confiance et le respect mutuel.

Patience et discernement sont indispensables pour devenir un bon « homme de cheval ». Le fait que ce gros mammifère soit avant tout un herbivore et une proie ne saurait être ignoré quand on partage sa vie. L'acuité de ses sens et sa rapidité de réaction sont deux clefs de sa survie à l'état sauvage. Le cheval domestique conserve un très fort instinct de fuite et une grande sensibilité aux stimuli visuels, auditifs ou olfactifs. Ses sens aiguisés lui font percevoir des choses que son cavalier peut ignorer (odeur d'un animal, par exemple). Inutile, donc, de le punir s'il fait un écart ou s'il fait demi-tour dans une situation inattendue : c'est pour lui une réaction normale face à un danger potentiel et seule la patience de son cavalier et sa confiance en lui parviendront à lui faire accepter de vaincre sa peur. Frapper un cheval qui a peur, c'est augmenter encore sa détresse et risquer des réactions de plus en plus violentes. Il est bien plus constructif de mettre pied à terre et de passer devant lui pour lui montrer qu'il n'y a pas de danger.

L'aborder en toute sécurité

Avant de penser à lui monter dessus, le cavalier doit d'abord apprendre à approcher son cheval sans le surprendre. Le premier contact peut être très différent d'un cheval à l'autre et il est bon, par sécurité, de toujours respecter les règles de base et de garder un œil sur l'expression du cheval, notamment la position de ses oreilles (voir page 46). Pour aborder un cheval, il faut se souvenir de deux points fondamentaux. Tout d'abord, son champ de vision bien que très large ne comprend pas les zones situées directement devant ou derrière lui. Ensuite, le cheval a conservé un fort instinct de fuite et, s'il est surpris et ne peut pas fuir, de défense. Il faut donc éviter d'arriver immédiatement derrière la croupe d'un cheval, en particulier si l'on reste silencieux : surpris, sa réaction peut être violente et un coup de pied est très douloureux !

S'il est au pré, on aborde le cheval par le côté en lui parlant doucement afin d'attirer son attention sans l'effrayer. S'il est au box, tout dépend de sa position. S'il est de face ou de profil, pas de problème, la méthode est la même que pour l'abord au pré… sans le risque de voir le cheval s'en aller. S'il est de dos ou s'il tourne la croupe vers le cavalier, celui-ci doit tout d'abord lui parler afin de le prévenir de son arrivée. Il se place ensuite d'un côté ou de l'autre de la croupe (on aborde traditionnellement le cheval par sa gauche), et tapote celle-ci tout en parlant à l'animal (« tourne ! ») afin de le faire pivoter vers lui. S'il fait vraiment preuve de mauvaise volonté et qu'il couche les oreilles en menaçant de botter, c'est avec une voix ferme et posée et des gestes autoritaires mais calmes que le cavalier saura se faire respecter d'une monture qui le teste. Après l'abord, l'idéal est d'attacher le cheval avec un licol et une longe afin qu'il reste tranquille pendant le pansage. Une fois le cheval à l'attache, il est primordial de ne pas lui faire peur. Se sentant pris au piège, il risquerait de tirer violemment en arrière pour se libérer et pourrait se blesser gravement.

Le respect mutuel

■ Le respect du cheval envers l'homme

On dit que la liberté de chacun s'arrête à celle des autres. Il en va de même pour les relations homme-cheval : l'un et l'autre doivent apprendre à se respecter mutuellement. Le cavalier doit apprendre à décrypter les expressions et les attitudes de son

cheval pour savoir comment y réagir. S'il se laisse impressionner par une tentative d'intimidation, il sera vite pris dans un cercle vicieux, le cheval sachant très bien à qui il a affaire et ce qu'il peut ou non se permettre. Sans jamais être brutal, il faut donc apprendre à se faire respecter de ce massif animal, afin qu'il ne se sente pas en droit de riposter violemment à une sollicitation quelconque. Pour cela, le travail à pied est au moins aussi important que le travail monté. De l'écurie ou au pré, jusqu'au montoir, chaque étape de la relation homme-cheval a son importance. Un cheval qui tourne la croupe vers la personne qui pénètre dans son box doit être traité avec fermeté (une voix ferme suffit généralement à lui montrer que sa menace n'a pas eu l'effet escompté). De même, s'il bouscule celui qui le mène ou bouge au montoir, il montre un manque de respect qui ne saurait être toléré. Un simple mouvement du bras suffit bien souvent à rappeler un cheval à l'ordre s'il est un peu trop brutal et désinvolte.

Le travail à pied a autant d'importance que le travail monté.

■ Le respect de l'homme envers le cheval

En retour, l'homme doit respecter les besoins fondamentaux du cheval et ne jamais le traiter injustement. Il doit assurer à sa monture une existence en accord avec ses besoins et toujours essayer de comprendre ses réactions afin d'y répondre de façon appropriée. Par exemple, un cheval vivant et travaillant continuellement en groupe, en particulier s'il fréquente toujours les mêmes chevaux, retrouve une situation proche de ce qu'il aurait vécu dans la nature et devient en quelque sorte membre d'un troupeau. Certains ont alors beaucoup de mal à se séparer des autres et refusent parfois avec véhémence de partir seuls. Le cavalier se doit de tenir compte de cet état de fait et d'habituer progressivement sa monture à ce type d'exercice, sans le brusquer. Son meilleur atout : se rapprocher de son cheval afin que celui-ci apprenne à le consi-

C'est surtout par la douceur que l'on arrive à obtenir une parfaite complicité.

dérer comme son allié et à lui faire entièrement confiance. Une fois cette complicité gagnée, l'animal suivra son « mentor » jusqu'au bout du monde !

L'amitié a son intérêt... et ses limites !

Pour qu'un cheval ait envie d'apprendre et d'exécuter les exercices qui lui sont demandés, il faut qu'il ait confiance en la personne qui les lui demande. Il est difficile, voire impossible, de forcer un cheval qui ne veut pas obéir. La patience et la douceur sont donc les meilleures alliées du dresseur.

Pour gagner la confiance d'un cheval, l'idéal est de passer le plus de temps possible avec lui et de lui proposer des activités variées, ludiques et agréables. De longues séances de pansage, assimilables au grattage mutuel pratiqué par les chevaux entre eux, permettent notamment de

Les séances de pansage permettent un meilleur rapprochement entre le cavalier et sa monture.

Jouer avec son cheval

Pour se rapprocher de son cheval, rien de tel qu'un peu de temps passé avec lui. Jouer avec son cheval est une activité amusante, utile pour l'évolution des relations et l'apprentissage d'une multitude d'exercices. Les jeux de poursuite ou de « chat » sont très appréciés des équidés, qui peuvent aussi apprendre à jouer avec des objets (ballon, etc.) ou apprendre une multitude de tours.

Attention toutefois : moins joueur que le chat ou le chien, le cheval est aussi et surtout beaucoup plus puissant ! Il doit apprendre les règles du jeu, qui doivent être très strictes pour d'évidentes raisons de sécurité. On ne peut envisager de jouer qu'avec un cheval que l'on connaît bien et dont on est sûr qu'il ne risque pas de se montrer trop violent.

Certains jeux sont en outre à proscrire à moins d'être absolument certain de pouvoir contrôler la situation à tout moment : agression feinte, pose des antérieurs sur les épaules, etc.

se rapprocher de son cheval et de s'en faire un allié. Il aura ensuite plus facilement tendance à faire confiance à son « ami » lorsqu'il lui demandera quelque chose.

Se rapprocher de son cheval doit cependant être fait avec discernement. L'animal doit impérativement connaître et respecter les limites à ne pas dépasser, sans quoi il deviendrait incontrôlable et dangereux. Les mouvements brusques et le manque de respect ne doivent jamais être tolérés, y compris lors de périodes de détente. Un cheval gâté, qui se comporte avec les humains exactement de la même façon qu'avec ses congénères est un danger public ! C'est en toutes circonstances l'homme qui doit garder le contrôle de la situation et imposer ses règles pour que les relations restent saines et sûres.

Un bon cavalier doit savoir rester à l'écoute de sa monture et s'en faire un allié. Ce n'est pas pour autant qu'il ne s'en fait pas respecter.

Le motiver et l'intéresser, sans le dégoûter

Outre la confiance et l'autorité, d'autres atouts sont nécessaires pour capter l'attention d'un cheval et le motiver de façon durable. Des exercices variés, présentés de façon ludique, lui permettent de ne jamais s'ennuyer ni se braquer. Le bon dosage de récompenses et éventuellement de punitions (ces dernières devant rester exceptionnelles) est également essentiel.

Les séances de travail doivent être courtes, variées et bien structurées. Elles commencent par une détente, suivie d'une brève série d'exercices déjà connus et assimilés, dont la bonne exécution sera suivie de petites récompenses (voix, caresse). Une fois l'animal échauffé et en confiance, il est possible d'entamer l'apprentissage d'un nouvel exercice (un seul par séance), qui sera travaillé jusqu'à exécution satisfaisante, suivie d'une grosse récompense (friandise, repos rênes longues…). Dans le cas où le cheval ne réussirait pas ou se défendrait, c'est au cavalier de comprendre pourquoi et de réagir en conséquence : il ne faut jamais brûler les étapes ni tenter de forcer l'animal. Si la progression est bien menée et les demandes correctement effectuées, l'apprentissage de nouveaux exercices ne doit pas poser de problèmes.

Les sorties en pleine nature, même longues, permettent de motiver le cheval et de le responsabiliser.

Enfin, il va sans dire qu'on ne laisse jamais un cheval sur un échec. Si un exercice est difficile à réaliser, il faut savoir le laisser de côté quelque temps et retravailler des choses connues. La séance de travail doit toujours se terminer par un exercice correctement effectué. Dans le même esprit, si le nouvel exercice a été bien exécuté, on ne le répète pas sans cesse : ce serait pousser le cheval à l'erreur. Il est bien plus sage de féliciter l'animal et de mettre pied à terre dès la première exécution : cheval et cavalier restent ainsi sur une bonne impression et commenceront la séance suivante de bonne humeur !

Les « nouveaux maîtres »

Historique

En 1996, un magazine équestre parlait pour la première fois en France d'une tendance qui se répandait dans le monde du cheval depuis quelques années déjà : celle de l'équitation éthologique. Une dizaine de dresseurs « hors norme » y étaient présentés comme les « nouveaux maîtres » de l'équitation moderne. Leurs méthodes, basées sur une meilleure compréhension du cheval, ont aujourd'hui fait le tour du monde, même si elles sont loin d'avoir conquis tous les manèges.

Si on ne parle de ces « nouveaux maîtres » que depuis quelques années, ils perfectionnent leurs méthodes depuis longtemps et les principes de l'équitation éthologique sont heureusement bien plus anciens. L'idée de dresser les chevaux par la douceur et de suivre leurs aptitudes naturelles n'est pas nouvelle : il y a près de 2 500 ans, Xénophon suggérait par exemple déjà que l'on habitue les jeunes chevaux à toutes sortes de bruits et de situations avant de les dresser, en les rassurant à la moindre manifestation d'inquiétude plutôt que de les contraindre. Au XVIIIe siècle, La Guérinière choisissait pour « apprivoiser » ses jeunes chevaux avant le dressage des soigneurs patients et expérimentés, afin que ces derniers habituent en douceur les poulains à être manipulés, sellés, bridés et monté sans jamais utiliser la force, jusqu'à obtenir d'eux une parfaite confiance en l'homme. Au XIXe siècle, François Baucher conseillait aux écuyers d'exploiter les mouvements naturels du cheval et de l'étudier

Gaspard de Saunier (1663-1748) a écrit sur la nécessité de tenir compte des dispositions naturelles de chaque cheval.

> En un mot, quand on est capable de comprendre les vues que la Nature a eues, en formant ces Animaux si différens les uns des autres, l'on y reconnoit toujours des habitudes tellement appropriées à certains usages particuliers, que pour peu qu'on les seconde par des exercices convenables, l'on est sûr de réussir, & l'on s'applique avec plaisir, parce que l'on travaille avec avantage.

Planche XXIV.

Posture d'un Cavalier qui commence à apprendre. & qui est sans éperons & sans étriers.

L'équitation « éthologique » a des bases très anciennes. Ici une gravure de Gaspard de Saunier.

en liberté afin de mieux comprendre les principes de base de l'équitation. Enfin, beaucoup de dresseurs (en particulier dans le monde de l'équitation de loisirs et de spectacle) suivent des principes basés sur l'observation et la compréhension du cheval depuis bien longtemps. Bref, même si l'équitation (classique et western) se base aujourd'hui trop souvent sur l'emploi de la force, il serait naïf de croire que c'est parce que personne n'avait jusqu'ici pensé à étudier le cheval avant de le dresser.

Ce qui est vrai, c'est que les dresseurs ne se sont vraiment penchés activement sur la transmission de méthodes entièrement basées sur l'éthologie qu'assez récemment. Les premiers à avoir fait parler d'eux sont les Américains Ray Hunt, Monty Roberts et Tom Dorrance, et aujourd'hui encore, la plupart des «nouveaux maîtres» sont originaires des États-Unis.

Les grandes figures

Nous l'avons vu, les grands noms de l'équitation éthologique sont pour la plupart américains. On les appelle là-bas des *horse whisperers* (ou « chuchoteurs ») et ils sont principalement issus du milieu « western ». Comme Monty Roberts, ils ont en quelque sorte réagi contre les méthodes barbares employées par les cowboys « pure souche », pour tenter de trouver une manière plus douce de débourrage et de dressage. Les plus connus de ces « nouveaux maîtres » américains sont sans conteste Pat Parelli,

La majorité des « nouveaux maîtres », comme Pat Parelli, sont américains.

L'imprégnation comportementale selon Robert Miller

Robert M. Miller, vétérinaire américain, a consacré une bonne partie de sa vie aux chevaux.

C'est de son expérience qu'il a tiré une méthode dite d'imprégnation comportementale, destinée au poulain nouveau-né.

Bien que ce concept soit aujourd'hui discuté, Miller considère que la période d'imprégnation (apprentissage profond) du poulain est très réduite et que ce n'est qu'au tout début de sa vie que celui-ci est capable d'apprendre de façon durable à tolérer les éléments qui feront ensuite partie de son quotidien (c'est notamment à ce moment qu'il se lie à sa mère). En pratique, la méthode Miller consiste à entrer en contact dès la naissance avec le poulain nouveau-né afin de l'habituer et de le lier à l'homme pour toujours. Il s'agit de le manipuler en douceur, de lui apprendre l'immobilité et la contention et de le mettre en contact avec le plus grand nombre d'objets et de situations possibles dans les premières heures suivant sa naissance. Le soigneur ne se substitue en aucun cas à la mère du poulain (ce qui, nous l'avons vu précédemment, est souvent facteur de troubles futurs pour l'animal). Il se contente de le manipuler, de l'habituer à son odeur en lui soufflant dans les naseaux et de l'habituer à des sensations qu'il aura à l'âge adulte : poids sur le dos (selle), pression autour du thorax (sangle), bruit (tondeuse, etc.), coups sous les pieds (ferrage), traction (licol), etc.

Pat Parelli est une des grandes figures de l'équitation éthologique.

Ray Hunt et Monty Roberts, ainsi que Linda Tellington-Jones, dont l'approche est légèrement différente. Jaime Jackson, Indien d'origine a également fait des recherches intéressantes sur le sujet. Quant au vétérinaire Robert Miller, il est à l'origine de la méthode d'imprégnation comportementale du poulain qui porte son nom (voir encadré page 122).

En Europe, il n'y a encore que peu de dresseurs suivant les méthodes éthologiques. La Grande-Bretagne est en tête, avec notamment un grand nombre de disciples de Monty Roberts (dont Richard Maxwell, spécialiste de la rééducation de chevaux difficiles). Éthologue de formation, Marthe Kiley-Worthington est également très suivie outre-manche.

En Allemagne et en Espagne, Klaus Hempfling, ancien danseur, a lui aussi développé une méthode éthologique, basée en grande partie sur le langage corporel. Enfin, l'Italien Bino Gentili est lui aussi un dresseur-éthologue reconnu.

Les différentes méthodes

Si tous les « nouveaux maîtres » ont leurs particularités, leurs méthodes sont généralement basées sur les mêmes principes et ne diffèrent que sur des détails ou sur l'importance qu'ils accordent à tel ou tel point précis.

■ Les bases communes

Leur premier principe est l'observation et la connaissance du comportement animal. Ils s'accordent notamment sur l'importance de la hiérarchie et sur le fait qu'un rapport de dominance clair doit être établi entre le dresseur et son élève. Par contre, il ne s'agit pas de forcer l'animal ni de le terroriser : tous les « nouveaux maîtres » se basent sur la mise en confiance et l'exploitation de la bonne volonté du cheval pour se faire entendre. Le cheval doit concentrer son attention sur le dresseur (montrant ainsi sa confiance et sa soumission) tout en restant libre d'agir à sa guise. C'est de lui-même qu'il décide de suivre l'homme et d'exécuter ses demandes, sans la moindre contrainte directe.

Le travail en liberté dans un espace restreint est commun à toutes les méthodes. Il permet au cheval de se sentir libre et capable de fuir, tout en étant contraint de rester relativement proche de l'homme et donc sous son influence directe. C'est par le langage corporel que les « nouveaux maîtres » agissent sur leurs élèves. Leur attitude générale, la position et les mouvements de chacune des parties de leur corps ainsi que leur placement par rapport au cheval sont considérés comme très importants. Tous prennent en compte la condition d'animal-proie du cheval et le fait que celui-ci perçoit l'homme comme un prédateur.

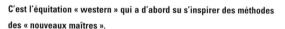

C'est l'équitation « western » qui a d'abord su s'inspirer des méthodes des « nouveaux maîtres ».

■ Les divergences

Elles sont en réalité minimes. La priorité donnée à certains éléments de communication varie d'un « maître » à un autre. Pour certains (Pat Parelli, Bino Gentili), le regard est essentiel, d'autres (Klaus Hempfling) se concentrent plus sur leur posture et leur position par rapport au cheval. Linda Tellington-Jones s'est spécialisée dans le contact direct et utilise beaucoup le sens du toucher. Marthe Kiley-Worthington s'intéresse plus particulièrement à l'intelligence du cheval et à ses capacités d'apprentissage. Quant à Bino Gentili, il a développé une série de jeux éducatifs.

L'utilité pratique

Le travail des éthologues est essentiel lorsqu'on souhaite mieux comprendre les chevaux afin de pouvoir communiquer avec eux et les éduquer en douceur. De même que le traditionnel dressage canin s'est modifié il y a quelques années pour devenir une éducation basées sur des méthodes douces (renforcement positif), on peut en effet considérer que l'éthologie permet une éducation équine plutôt qu'un dressage.

Marthe Kiley-Worthington s'est spécialisée dans l'évaluation de l'intelligence du cheval et ses facultées d'apprentissage.

En suivant les capacités naturelles de l'animal et en essayant toujours de le comprendre avant de réagir à une défense ou à une désobéissance de sa part, on arrive à des résultats bien plus satisfaisants que par la contrainte. Un cheval qui a une parfaite confiance en l'homme est en outre nettement plus facile à contrôler dans une situation délicate, puisqu'il a plus facilement tendance à s'en remettre à l'autorité de son mentor plutôt que de le considérer comme un « passager clandestin » potentiellement dangereux pour sa survie.

Au pré, un cavalier qui « parle cheval » aura plus de chances de réussir à attraper son cheval et à le mener sans se faire bousculer. Il sera respecté des chevaux et saura prévoir leurs réactions et y réagir de façon parfaitement appropriée. On évite ainsi bon nombre de malentendus entre l'homme et le cheval, qui ne font que ralentir l'apprentissage et saper l'autorité du dresseur.

Index

CRÉDITS PHOTOGRAPHIQUES

Avrillon/NATURE : 108 b – **Bending/NATURE** : 44 m, 74, 80 b, 91 hd – **Berthon/NATURE** : 14 h – **Chaumeton-Berthoule/NATURE** : 30 bd, 40 b, 62 h, 68, 106 h – **Chaumeton-Boris/NATURE** : 13, 35 b, 38 m, 78, 80 h, 93 h, 94 bg, 96 m, 112 b – **Chaumeton-Cras/NATURE** : 29 b, 105 m – **Chaumeton-Hellio/NATURE** : 41 h – **Chaumeton-Lanceau/NATURE** : 19 h, 64 b, 103 h – **Frédéric Chéhu** : 121, 123, 125 – **De Monléon/NATURE** : 4 bd, 4 bg, 8-9, 10 b, 12 d, 12 g, 14 b, 15 b, 16 b, 20 b, 22 b, 24 h, 25, 26 b, 28 b, 29 h, 30 bg, 30 hd, 32 b, 38 h, 39, 40 h, 42-43, 46 bd, 46 bg, 46 hd, 48, 50, 51 b, 51 h, 53, 56 b, 57 h, 59 m, 60 b, 61 h, 64 h, 65 bd, 67 h, 69 b, 72 bg, 73 bd, 73 h, 86 b, 86 h, 87 b, 89 b, 90 m, 92 h, 95 h, 96 h, 97 b, 97 h, 98 b, 100-101, 103 b, 104 h, 104 m, 105 h, 115 b, 118 – **Ferrero/NATURE** : 4 h, 7 b, 11 b, 16 h, 18 b, 21, 27 h, 28 h, 30 hg, 31, 32 h, 34 b, 34 h, 35 h, 36 b, 36 m, 41 b, 46 hg, 49 b, 52 b, 55, 56 h, 57 b, 58 b, 58 h, 58 mb, 58 mh, 59 h, 63, 66, 77 b, 84 b, 93 b, 94 h, 95 b, 96 b, 98 h, 106 b, 109 h – **Lanceau/NATURE** : 54 h – **Laurioux/NATURE** : 4 mbg, 4 md, 4 mhg, 6, 7 h, 11 h, 15 h, 17, 19 b, 20 h, 23 b, 23 h, 24 b, 27 bd, 27 bg, 33, 44 b, 45, 47, 49 h, 54 b, 61 b, 62 b, 65 mg, 67 b, 70-71, 72 bd, 72 m, 73 bg, 75 b, 75 h, 76, 77 h, 79 b, 79 h, 79 m, 80 mb, 80 mh, 81, 82 b, 83 b, 83 h, 84 m, 85 b, 85 h, 85 m, 87 h, 88 b, 88 h, 89 h, 91 b, 91 hg, 92 b, 94 bd, 99, 102 m, 104 b, 105 b, 106 m, 107, 108 h, 109 b, 110, 111 b, 111 h, 113 b, 113 h, 114, 115 h, 116, 117 b, 117 h, 119, 124 – **Robert Miller** : 122 – **Samba/NATURE** : 37, 69 h – **Siegel/NATURE** : 22 h.